초등 문해력
향상 프로그램
어휘편

어휘가 보여야 문해력이 자란다

문해력 잡는 초등 어휘력

B-1 단계

· 초등 3~4학년 ·

초등교과서에 나오는 과목별 학습개념어 총망라
★ 문해력 183문제 수록! ★

문해력의 기본,
왜 초등 어휘력일까?

21세기 교육의 핵심은 문해력입니다. 국어 사전에 따르면, 문해력은 '문자로 된 기록을 읽고 거기 담긴 정보를 이해하는 능력'입니다. 여기에 더해 글을 비판적으로 읽고 자신만의 관점을 가지는 것 역시 문해력이지요. 그러기 위해서는 문장을 이루고 있는 어휘의 뜻을 정확히 알고, 해당 어휘가 글 속에서 어떤 역할을 하고 있는지 깨닫는 과정이 필요합니다.

초등학교 3~4학년 시절 아이들이 배우고 쓰는 어휘량은 7,000~10,000자 정도로 급격하게 늘어납니다. 그중 상당수가 한자어입니다. 그렇기에 학년이 올라가면서 교과서와 참고서, 권장 도서 들을 받아드는 아이들은 혼란스러워 합니다. 해는 태양으로, 바다는 해양으로, 세모는 삼각형으로, 셈은 연산으로 쓰는 경우가 부쩍 늘어납니다. 땅을 지형, 지층, 지상, 지면, 지각처럼 세세하게 나눠진 한자어들로 설명합니다. 분포나 소통, 생태처럼 알 듯 모를 듯한 어려운 단어들이 불쑥불쑥 등장하기 시작합니다.

우리말이니까 그냥 언젠가 이해할 수 있겠지 하며 무시하고 넘어갈 수는 없습니다. 초등학교 시절의 어휘력은 성인까지 이어지니까요. 10살 정도에 '상상하다'나 '귀중하다'와 같이 한자에서 유래한 기본적인 어휘의 습득이 마무리된다는 연구 결과를 내놓은 학자도 있습니다. 반대로 무작정 단어 뜻을 인터넷에서 검색하고 영어 단어를 외우듯이 달달 외우면 해결될까요? 당장 눈에 보이는 단어 뜻은 알 수 있지만 다른 문장, 다른 글 속에 등장한 비슷한 단어의 뜻을 유추하는 능력은 길러지지 않습니다. 문해력의 기초가 제대로 다져지지 않는다는 의미입니다.

결국 자신이 정확하게 알고 있는 단어를 통해 새로운 단어의 뜻을 짐작하며 어휘력을 확장시켜 가는 게 가장 좋습니다. 어휘력이 늘어나면 교과 개념을 정확하게 이해하고, 학습 내용도 빠르게 습득할 수 있지요. 선생님의 가르침이나 교과서 속 내용이 무슨 뜻인지 금방 알 수 있으니까요. 이 힘이 바로 문해력이 됩니다. 〈문해력 잡는 초등 어휘력〉은 어휘력 확장을 통해 문해력을 키우는 과정을 돕는 책입니다.

정춘수 기획위원

문해력 잡는 단계별 어휘 구성

〈문해력 잡는 초등 어휘력〉은 사용 빈도수가 높은 기본 어휘(씨글자)240개와 학습도구어와 교과내용어를 포함한 확장 어휘(씨낱말) 260개로 우리말 낱말 속에 담긴 단어의 다양한 뜻을 익히고 이를 통해 문해력을 키우는 프로그램입니다. 한자의 음과 뜻을 공유하는 낱말끼리 어휘 블록으로 엮어서 한자를 모르는 아이도 직관적으로 그 관계를 파악할 수 있습니다. 초등 기본 어휘와 어휘 관계, 학습도구어, 교과내용어 12,000개를 예비 단계부터 D단계까지 전 24단계로 구성해 미취학 아동부터 중학생까지 수준별 학습이 가능합니다. 어휘의 어원에 따라 자유롭게 어휘를 확장하며 다양한 문장을 구사하는 능력을 기르는 동안 문장 사이의 뜻을 파악하는 문해력은 자연스럽게 성장합니다.

기본 어휘
초등 교과서 내 사용 빈도수가 높고, 일상적인 언어 활동에서 기본이 되는 어휘

어휘 관계
유의어, 반의어, 동음이의어, 도치어, 상하위어 등 어휘 사이의 관계

학습도구어
학습 개념을 이해하고 논리적으로 설명하는 과정에 쓰이는 도구 어휘

교과내용어
국어, 수학, 사회, 과학, 한국사, 예체능 등 각 교과별 학습 내용을 정확히 이해하는 데 필요한 개념 어휘

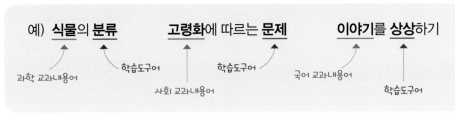

어휘력부터 문해력까지, 한 권으로 잡기

씨글자 | 기본 어휘

기본 어휘
하나의 씨글자를 중심으로
어휘를 확장해요.

낱말밭 | 어휘 관계

어휘 관계
유의어, 반의어, 전후
도치어 등의 어휘 관계를
통해 어휘 구조를 이해해요.

씨낱말 | 교과내용어

확장 어휘
둘 이상의 어휘 블록을
연결하여 씨낱말을 찾고
어휘를 확장해요.

어휘 퍼즐

어휘 퍼즐
어휘 퍼즐을 풀며 익힌 어휘를
다시 한번 학습해요.

종합 문제

종합 문제
종합 문제를 풀며
어휘를 조합해 문장으로
넓히는 힘을 길러요.

문해력 문제

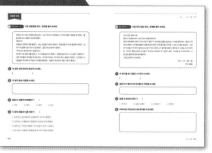

문해력 문제
여러 어휘로 이루어진 문장의 의미를
파악하고 글의 맥락을 읽어 내는
문해력을 키워요.

1장

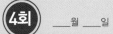
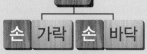

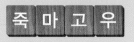

씨글자 | 기본 어휘

分
나눌 분

학교도 나누고, 우리 반도 나누고

자아, 어떠냐, 나의 □□술이!

펑! 펑!

위 그림의 빈칸에 들어갈 말은 무엇일까요? (　　　)

① 호신　　　② 분신　　　③ 쌍둥이　　　④ 닮은꼴

정답은 ②번이에요. 분신(分身)은 하나였던 몸이 여러 개의 몸으로 나뉘는 거예요. 한 몸에서 나왔으니 생긴 것도, 하는 짓도 똑같지요. 분(分)은 이렇게 '나누다, 나뉘다'를 뜻해요.

우린 부모님의 몸에서 갈라져 나왔으니 부모님의 **분신.**

분단

분단

어, 둘 다 분단이네요! 그래요. 하지만 둘은 서로 달라요.
우리나라는 남북으로 갈라져 있어요. 이렇게 한 나라가 둘 이상으로 나뉘어 있는 것을 분단(分斷)이라고 해요. 나뉘어 끊어졌다는 말이지요.
한 반을 모둠별로 나눈 것은 분단(分團)이에요.

分　　나눌 분

■ **분신**(分 身 몸 신)
하나였던 몸이 여럿으로 나뉘는 것

■ **분단**(分 斷 끊을 단)
나뉘어 끊어지는 것

■ **분단**(分 團 모임 단)
반을 모둠별로 나누는 것

뒤의 한자가 서로 다르지요?

학교가 너무 비좁거나 멀면 공부하기에 불편해요. 그럴 땐 학교를 나누어 분교를 만들어요.

또 한 학년 학생들을 여러 반으로 나누는 것은 분반이라고 해요.

분교

그러면 일을 나누어 맡는 것을 무엇이라고 할까요? (   )

① 분단   ② 분담   ③ 분리   ④ 분류

맞아요, 분담(分擔)이라고 해요.

일을 분담하면 누가 무엇을 해야 하는지가 분명해지지요.

뭉치도 집안일을 분담하고 있어요. 쓰레기 버리기는 뭉치 몫이에요. 쓰레기를 버리는 일에도 '나눌 분(分)'이 쓰여요.

▪ **분교**(分 校학교 교)
학교를 나누는 것/본교에서 떨어진 곳에 따로 세운 학교

▪ **분반**(分 班나눌 반)
한 학년을 몇 개의 반으로 나누는 것

▪ **분담**(分 擔맡을 담)
일을 나누어 맡는 것

▪ **분류**(分 類무리 류)
종류에 따라서 나누는 것/같은 무리끼리 갈라서 묶는 것

▪ **분리**(分 離떨어질 리)
서로 나누어 떨어지게 하는 것

우리가 쓰레기를 분류해서 한곳에 모아 놓으면 쓰레기차가 유리는 유리 공장으로, 종이는 종이 공장으로 분리해서 가져가지요.

분류(分類)는 한데 섞여 있는 것들을 종류별로 나누어 모아 주는 거예요.

분리(分離)는 함께 모여 있거나 붙어 있던 것을 나누어 떨어뜨리는 거예요.

어느 쪽이 왼쪽이고, 어느 쪽이 오른쪽인지 구별이 안 되네요.

이럴 땐 사과를 둘로 나누면 구별이 되지요.

요렇게요.

그래서 분(分)은 '구별하다'라는 뜻으로도 쓰여요.

여러 개의 물건이 섞여 있을 때에 차이에 따라 나누는 것을 구분
(區分)이라고 해요.

옳고 그름의 차이를 구별하는 것은 분별(分別)이라고 하지요.

분별할 수 있는 힘은 분별력(分別力)이고요.

옳고 그름을 분별하지 못하는 사람을 멍텅구리라고 한대요.

分	구별할 분

■ **구분**(區나눌 구 分)
차이에 따라 나누는 것

■ **분별**(分 別다를 별)
옳고 그름을 구별하는 것

■ **분별력**(分 別 力힘 력)
옳고 그름을 구별할 수 있는 힘

🔔 **이런 말도 있어요**

분명(分明)은 어떤 모습이 또렷하고 밝은 것을 말해요.

그래서 '틀림없이 확실하다'라는 말로도 쓰이지요.

이렇게 분(分)은 '또렷하다'라는 뜻도 가지고 있어요.

■ **분명**(分또렷할 분 明밝을 명) 또렷하고 밝은 것 / 틀림없이 확실한 것

부분(部나눌 부 分)
전체를 몇으로 나눈 것의 하나
하나
선분(線줄 선 分)
직선의 한 부분
성분(成이룰 성 分)
어떤 것을 이루는 부분

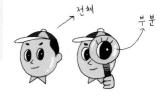

위 그림의 빈칸에 어떤 말이 들어가면 제일 좋을까요? (　　)

① 구분　　　② 부분　　　③ 마을　　　④ 고기

맞아요. ②번 부분이에요.

부분(部分)은 전체를 몇으로 나누었을 때에 그 나뉜 것 하나하나를 말해요. 이처럼 분(分)은 '부분'이라는 뜻도 있어요.

길고 긴 직선의 한 부분은 선분(線分),

어떤 것을 이루고 있는 부분들은 성분(成分)이지요.

우리 몸을 보살피고 유지하는 것을 영양이라고 해요. 그러면 영양에 도움이 되는 성분을 무엇이라고 할까요? 양분(養分)이에요. 이때 분(分)은 '성분'을 가리켜요. 양분은 영양분, 영양 성분이라고도 하지요. 그래서 철 성분은 철□, 물 성분은 수□이라고 해요.

分　성분 분

양분(養기를 양 分)
영양에 도움이 되는 성분
= 영양분 = 영양 성분
철분(鐵쇠 철 分)
철 성분
수분(水물 수 分)
물 성분

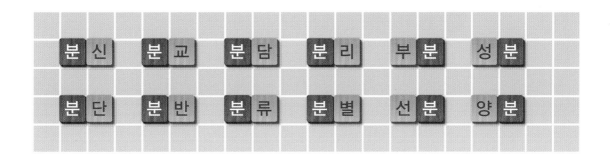

分
나눌 분

분신

분단

분교

분반

분담

분류

분리

구분

분별

분별력

① 주어진 한자를 따라 쓰세요.

신						부
	별 력	分	영 양 성			
리						구

나눌 분

② 어떤 낱말에 대한 설명인지 쓰세요.

1) 하나였던 몸이 여럿으로 나뉘는 것 ➡ ☐☐

2) 종류에 따라서 나누는 것 / 같은 무리끼리 갈라서 묶는 것 ➡ ☐☐

3) 옳고 그름을 구별할 수 있는 힘 ➡ ☐☐☐

③ 알맞은 낱말을 찾아 문장을 완성하세요.

1) 이상하다. ☐☐히 책상에 두었는데, 필통이 왜 없지?

2) 쌍둥이는 외모가 똑같아서 쉽게 ☐☐이 되지 않아.

3) 시험을 앞두고 만화책을 보다니, 네가 ☐☐이 있는 애니?

4) 각자 할 일을 ☐☐하니까 청소가 빨리 끝났네?

④ 문장에 어울리는 낱말을 골라 ○표 하세요.

1) 홍길동은 (분신 / 분리)술을 써서 동시에 여러 곳에 나타날 수 있었대.

2) 쓰레기는 종류별로 (분류 / 분별)해서 버려야 해.

3) 학교가 너무 멀어서 근처에 (분반 / 분교)을(를) 만들기로 했어.

4) 나무가 이렇게 잘 자라다니, 이 토양은 (양분 / 철분)이 많은 게 분명해.

5 그림을 보고, 공통으로 들어갈 낱말을 쓰세요.

난 어느 □□이든 좋아.

난 윗□□ 먹을래.

난 아랫□□.

□□

분명
부분
선분
성분
양분
영양분
영양 성분
철분
수분

6 그림을 보고, 알맞은 낱말을 연결하세요.

1)　　　　　　　　　2)　　　　　　　　　3)

분 리　　　　　　부 분　　　　　　분 단

身
몸 신

백설 공주는 장신, 난쟁이는 단신

백설 공주 장신. 그 외 모두 단신!

구두를 벗어도 소용이 없군…

역시, 내가 난쟁이 중 제일 커.

'장신', '단신' 할 때의 '신'을 한자로 쓰면 무엇일까요? (   )

① 신(身)　　② 신(神)　　③ 신(信)　　④ 신(新)

정답은 ①번이지요. 장신, 단신은 키를 나타낼 때에 쓰는 말입니다. 사람의 키는 신장(身長)이라고 하지요.

신장이 짧으면, 짧을 단(短)과 몸 신(身)을 써서 단□(短身).

신장이 길면, 길 장(長)과 몸 신(身)을 써서 장□(長身)!

장신 중에서도 키가 매우 큰 사람은 구척장신(九尺長身)이라고 해요. 키가 아홉 자나 된다는 말이죠.

사람의 몸은 위와 아래, 두 부분으로 나눌 수 있어요. 허리 위의 부분은 상반신(上半身)이라고 하고, 허리 아래부터 발까지는 하반신(下半身)이라고 합니다. 하반신이 긴 사람을 일명 '롱다리'라고 불러요.

상반신은 일곱 자나 되네요. 근데… 하반신은 두 자밖에…

身　　몸 신

■ **신장**(身 長길이 장)
몸의 길이 / 키

■ **단신**(短짧을 단 身)
신장이 짧은 것 / 키가 작은 것

■ **장신**(長길 장 身)
신장이 긴 것 / 키가 큰 것

■ **구척장신**(九아홉 구 尺자 척 長身)
키가 아홉 자나 되는 사람 / 한 척(자)이 30.3cm이니, 구 척이면 272.7cm

■ **상반신**(上위 상 半반 반 身)
사람을 위아래 두 부분으로 나누었을 때 허리 위의 몸

■ **하반신**(下아래 하 半身)
허리 아래의 몸

신체검사(身體檢査)의 신체는 사람의 몸을 말해요. 신체검사는 몸의 상태를 검사하는 것을 말합니다. 키나 몸무게를 재기도 하지만, 몸이 약한지 건강한지도 알아보지요.

사람은 심신이 모두 건강해야 합니다. 심신(心身)은 마음과 몸을 말해요.

만신창이(滿身瘡痍)가 되었다는 말을 들어 본 적 있나요?

온몸에 심한 상처가 나 있는 것을 만신창이라고 합니다. 이 말은 일이 아주 엉망이 된 것을 비유적으로 이를 때에 쓰기도 해요.

이렇게 사람의 '몸, 신체'를 말할 때에 신(身)이라는 말을 씁니다.

몸[身]　　　무늬[文]　　　문신[文身]

몸에 그림이나 무늬를 새겨 넣는 것은 문□(文身)이라고 하고, 옷을 벗어 아무것도 걸치지 않은 몸은 나□(裸身)이라고 하지요.

사람의 온몸은 전□(全身).

그래서 병이나 사고로 온몸이 마비되어 움직일 수 없는 상태는 전신 마비라고 합니다.

때로는 뇌출혈 등으로 몸의 반만 움직일 수 있는 상태가 되기도 하는데, 이것은 반신불수(半身不隨)라고 하지요.

몸이 아프면 몸에서 열이 나지요?

몸에서 열이 나는 것은 신열(身熱),

사람이 죽어서 시체가 된 몸은 시신(屍身)이라고 합니다.

▪ **신체**(身 體몸 체)
사람의 몸

▪ **신체검사**
(身體 檢검사할 검 査조사할 사)
건강 상태를 알기 위해서 몸의 각 부분을 검사하는 것

▪ **심신**(心마음 심 身)
마음과 몸

▪ **만신창이**(滿찰 만 身 瘡부스럼 창 痍상처 이)
온몸이 상처투성이인 것, 일이 아주 엉망이 된 것을 비유적으로 이르는 말

▪ **문신**(文무늬 문 身)
몸에 무늬를 새겨 넣는 것

▪ **나신**(裸벌거벗을 나 身)
아무것도 입지 않은 몸

▪ **전신**(全전체 전 身)
온몸

▪ **전신 마비**
(全身 痲저릴 마 痺저릴 비)
온몸이 마비되어 움직일 수 없는 상태

▪ **반신불수**
(半身 不아니 불 隨따를 수)
뇌출혈 등으로 몸의 반만 움직일 수 있는 상태

▪ **신열**(身 熱더울 열)
몸에서 나는 열

▪ **시신**(屍시체 시 身)
죽은 사람의 몸

어딘가로 몸을 피하는 것은 피신(避身)이라고 해요. 비슷한 말로는, 몸을 숨긴다는 뜻의 은신(隱身)이 있어요. 몸을 피해 쉴 수 있는 곳은 '피신처', 몸을 숨겨 쉴 수 있는 곳은 '은신처!' 둘 다 비슷한 뜻으로 쓰이는 말이에요.

내 몸을 완전히 바꾸는 방법도 있어요. 바로 변신(變身)이지요. 변신의 방법으로도 적을 따돌릴 수 없다면, 정면으로 맞서야 하겠죠?

이때 필요한 것이 호신술(護身術)이에요. 호신술은 몸을 보호하는 데 도움이 되는 무술이에요. 자신을 지켜야 할 때에는 혼신(渾身)을 다해 싸워야 해요. 온몸을 다 바쳐 싸워야 한다는 말이지요.

총신

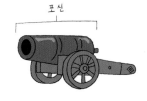

포신

사물의 몸통을 가리킬 때에도 신(身)을 써요. 총□(銃身)은 총의 몸통이고, 포□(砲身)은 대포의 몸통이에요.

또 묘지에 세우는 비석의 몸통은 비신(碑身)이라고 불러요.

신(身)이 몸을 의미하는 것에서 더 나아가 몸과 마음으로 이루어진 '사람'이나, '나 자신'을 뜻하기도 하지요. 이런 뜻으로 쓰인 낱말로는 '자기'를 뜻하는 말인 자신(自身)과 부부가 상대방을 부를 때에 쓰는 말인 당신(當身)이 있어요.

대신(代身)이라는 말도 많이 쓰죠? "친구 대신 내가 청소 당번을 맡았다."라고 할 때의 '대신'이에요. 다른 사람이 할 일을 맡

아서 한다는 뜻이지요.

양반이나 천민을 가르는, 사람의 사회적 지위나 자격을 무엇이라고 할까요? 신분이라고 해요. 요즘에도 그 사람이 어떤 사람인지 구별할 때에 신분(身分)이라는 말을 쓰지요. 신분을 나타내는 증명서는 신분증이라고 해요. 학생증도 신분증 가운데 하나예요.

출신(出身)이라는 말도 있어요. 집안, 학력, 직업 따위를 통해 드러나는 그 사람의 신분을 말하지요.

신세(身世)는 그 사람이 놓인 처지를 말해요. 주로 안 좋은 상황을 나타내지요.

신변(身邊)은 사람의 몸과 그 주변을 뜻해요. 그래서 자기 주위에서 일어나는 여러 가지 일들을 적은 글을 신변잡기라고 하지요. 신(身)은 이렇게 사람의 '처지'나 '형편'을 뜻하기도 한답니다.

身 **신분 신**

- **신분**(身 分나눌 분)
  사람의 사회적 지위 / 또는 그 사람이 어떤 사람인지 구분해 놓은 것
- **신분증**(身分 證증명할 증)
  신분을 나타내는 증명서
- **출신**(出날 출 身)
  집안, 학력, 직업 따위를 통해 드러나는 사람의 신분

身 **처지·형편 신**

- **신세**(身 世인간 세)
  그 사람이 놓인 처지
- **신변**(身 邊가장자리 변)
  사람의 몸과 그 주변
- **신변잡기**
  (身邊 雜섞일 잡 記기록할 기)
  자기 주위에서 일어나는 여러 가지 일들을 적은 글

신장

단신

장신

구척장신

상반신

하반신

신체

신체검사

심신

만신창이

문신

나신

전신

전신마비

반신불수

신열

1 주어진 한자를 따라 쓰세요.

| 단 | | | | | | 체 |

호 술   身   분 제 도

| 전 | | | | | | 분 |

몸 신

2 어떤 낱말에 대한 설명인지 쓰세요.

1) 몸의 길이 / 키 ➡ ☐☐

2) 몸을 피하는 것 ➡ ☐☐

3) 집안, 학력, 직업 따위를 통해 드러나는 사람의 신분 ➡ ☐☐

4) 몸을 보호하는 데 도움이 되는 무술 ➡ ☐☐☐

5) 건강 상태를 알기 위해서 몸의 각 부분을 검사하는 것

➡ ☐☐☐☐

3 알맞은 낱말을 찾아 문장을 완성하세요.

1) 위험한 일에 대비해서 ☐☐☐ 을 배우기로 했어.

2) 왕자가 죽은 공주의 ☐☐ 을 끌어안고 입을 맞췄어.

3) 이곳에 들어가기 위해서는 ☐☐☐ 을 제시해야 해.

4) 목욕탕에서 전신에 화려한 그림으로 ☐☐ 을 한 아저씨를 만났어.

5) 친구 ☐☐ 내가 청소 당번을 맡았어.

16

4 문장에 어울리는 낱말을 골라 ○표 하세요.

1) 어딘가로 몸을 숨기는 것은 (장신 / 은신)이야.

2) 시험지가 빨간 빗금으로 (만신창이 / 신변잡기)가 되었어.

3) 키가 작으면 (단신 / 장신)이고, 키가 크면 (단신 / 장신)이야.

4) 아침부터 밤까지 바쁘게 뛰어다녔더니 이제 (심신 / 시신)이 지쳤어.

5 그림을 보고, 공통으로 들어갈 낱말을 쓰세요.

총☐   포☐

☐

6 그림을 보고, 알맞은 낱말을 쓰세요.

적에게 노출되었어.
빨리 몸을 피해야 해.
☐☐ 방법은?

☐☐

시신
피신
은신
변신
호신술
혼신
비신
자신
당신
대신
신분
신분증
출신
신세
신변
신변잡기

거짓 없이 정직, 치우침 없이 공정

正
바를 정

늘대가 어디…?

앗싸, 또 속여 먹었다! ㅋㅋ

거짓말하면 안 돼. 우리 집 가훈이 뭐다?

20년 후

□□이요.

양치기 소년이 철들었네요. 위 그림의 빈칸에 들어갈 말은 뭘까요? 정직이에요. 정직(正直)은 마음이 거짓 없이 바르고 곧은 걸 말해요. 정(正)은 '바르다', '옳다', '올바르다'라는 뜻이에요. 정직한 사람은 거짓말을 하지 않아요.

그럼 '거짓이 아닌 말, 바른 말'은 뭐라고 할까요?

맞아요. 정말이에요.

正	바를 정

■ **정직**(正 直곧을 직)
마음이 거짓 없이 바르고 곧은 것

■ **정**(正)**말**
거짓이 아닌 말

■ **진정**(眞참 진 正)
참되고 올바른 것

오른쪽 그림의 빈칸에 들어갈 말은 뭘까요? (   )

① 액정
② 수정
③ 진정

아, 됐네, 이 사람아.

야, 내가 도와줄게. 힘들 때 도와야 □□한 친구지.

정답은 ③번 진정이에요. 진정(眞正)은
'참되고 올바르다'라는 말이에요.
그럼 빈칸을 채우면서 읽어 보세요.
올바른 답은 □답, 바르고 확실한 것은 □확,
바르지 않거나 확실하지 않은 것은 부□확이에요.

■ **정답**(正 答답할 답)
올바른 답

■ **정확**(正 確확실할 확)
바르고 확실한 것

■ **부정확**(不아니 부 正確)
정확하지 않은 것

심판은 어디까지나 □□해야지!

난 오리랑 비슷하게 생겼으니, 오리 팀에 유리하게 판정…할…까?

오리너구리

위 문장의 빈칸에 들어갈 말은 무엇일까요? (　　)

① 정모　　　② 공정　　　③ 모정

공정(公공평할 공 正)
한쪽으로 치우치지 않고 공평하고 올바른 것

정답은 ②번 공정이에요. 공정(公正)은 공평하고 올바른 것, 어느 한쪽으로 치우치지 않는 거예요. 심판이 공정해야 정정당당하게 승부를 겨룰 수가 있어요. 정정당당은 정당한 방법으로 한다는 말이지요.
정당(正當)하다는 건 '올바르고 당당하다', 즉 떳떳한 방법으로 한다는 거예요.
흠, 오른쪽 그림에서는 주장을 참 이상하게 뽑네요. 저건 정상이 아니에요.
정상(正常)은 올바른 상태를 말해요. 그럼 올바르지 않은 상태는 뭐라고 할까요? 그래요, 비정상이라고 하지요.

우리 팀 주장은 꼬리뼈가 가장 예쁜 오리로 한다.

뭐, 이래?

그런 게 어딨어?

뭔가를 할 때에 올바른 격식을 차려서 하는 걸 무엇이라고 할까요? (　　)

① 정말　　　② 정신　　　③ 정숙　　　④ 정식

정당(正 當당당할 당)
올바르고 당당한 것, 떳떳한 것
＝정정당당(正正堂堂)
정상(正 常항상 상)
올바른 상태
비정상(非아닐 비 正常)
정상이 아닌 것
정식(正 式방식 식)
올바른 격식, 올바른 방식
정장(正 裝복장 장)
바르게 갖춰 입은 복장
단정(端바를 단 正)
얌전하고 바른 옷차림

정답은 ④번 정식이에요. 정식(正式)은 올바른 격식, 올바른 방식이에요.
정식으로 입는 옷은 정장이에요. 바르게 갖춰 입은 옷이란 얘기지요. 아빠가 회사 가실 때에 입는 양복이 정장인 셈이에요.
정장을 입은 모습을 한마디로 표현하면 단정하다고 할 수 있어요. 얌전하고 바른 옷차림이라는 말이에요.

연필로 쓴 글자를 고칠 때에는 지우개를 써요.

> 그럼 볼펜으로 쓴 글자를 고칠 때에 필요한 건 뭘까요? (　　)
>
> ① 수정액　　　　② 냉각액　　　　③ 수출액

정답은 ①번, 수정액이에요. 수정액은 수정할 때에 쓰는 액체예요.
그런데 수정이 뭘까요? 수정(修正)은 고쳐서 바로잡는 거예요.
여기서 정(正)은 '잘못된 것을 바로잡다'라는 뜻이에요.
어떤 걸 바로잡느냐에 따라 말들이 조금씩 달라요.
글자나 글이 틀렸을 때에 바로잡는 건 정□이라고 해요.
아주 나쁜 법의 내용을 고쳐 바로잡는 건 개□이에요.
가지런하지 않은 이를 가지런
히 만들고 싶을 때에는 치
아 교정기를 해요. 틀어지
거나 비뚤어진 것을 바로
잡는 게 교정(矯正)이에요.
자세가 나쁘면 자세를 교정하고,
눈이 나쁘면 안경을 써서 시력을 교정해요.

| 우 | 리 | | 아 | 빠 | | 가 | 방 | 에 |
| 들 | 어 | 가 | 신 | 다 | | | | |

아빠가 가방에 들어가신
다? 아니에요. 띄어쓰기
가 틀렸지요?

"아빠가 방에 들어가신다."가 맞아요. 그래서
저런 부호들이 붙은 거예요.
글을 다 쓰고 나면 글에서 부적당한 곳이
나, 맞춤법이나 띄어쓰기가 틀린 곳을 찾
아 맞게 고쳐야 해요. 이런 건 교정(校正)
이라고 하지요. '고쳐쓰기'라고도 하고요. 'ⅴ'처
럼 교정할 때에 쓰는 부호를 교정 부호라고 해요.

正 바로잡을 정

■ **수정**(修고칠 수 正)
고쳐서 바로잡는 것
■ **수정액**(修正 液즙 액)
수정할 때에 쓰는 액체
■ **정정**(訂바로잡을 정 正)
글자나 글이 틀렸을 때에 바로
잡는 것
■ **개정**(改고칠 개 正)
나쁜 법의 내용을 고쳐 바로잡
는 것
■ **교정**(矯바로잡을 교 正)
틀어지거나 비뚤어진 것을 바
로잡는 것
■ **교정**(校교정할 교 正)
원고에서 잘못된 곳을 맞게 고
쳐 쓰는 것
■ **교정**(校正) **부호**
교정할 때에 쓰는 부호

🔔 **정색**
정색(正 色얼굴색 색)은 얼굴색
을 바로잡아 엄격한 표정을 짓
는 걸 말해요.

개미가 핵심을 찔렀네요. 핵심을 찌르는 걸 다른 말로 하면 무엇일까요? (   )

① 정통을 찌르다   ② 정각을 찌르다   ③ 정곡을 찌르다

정답은 ③번이에요. 정곡(正鵠)은 과녁 한가운데의 점을 말해요. '정곡을 찌르다'는 과녁 한가운데에 명중했다는 말이지요. 그런데 그 뜻이 더 넓어져서 '어떤 문제의 요점이나 핵심을 지적하다'란 의미로 많이 써요. 이때 정(正)은 '가운데'를 뜻해요.
낮 12시를 두 글자로 뭐라고 하지요? 그래요, 정오(正午)예요. '오(午)'는 낮이란 뜻이에요. 그러니까 정오는 낮의 한가운데, 즉 태양이 하늘 한가운데에 있는 때를 말하는 거지요.
그럼 밤 12시는요? 그래요, 자정(子正)이라고 해요.
'자(子)'는 자시(子時)라는 말로, 밤 11시부터 새벽 1시 사이를 뜻해요. 이 시간의 가운데인 밤 12시가 자정인 거지요.

🔔 이런 말도 있어요

음력 1월을 정월(正月)이라고 해요. 바를 정(正) 자체에 '정월'이라는 뜻이 있어요. 정월 초하루는 정월의 첫째 날, 즉 설날을 말해요. 정월 대보름은 음력 1월 15일이지요. 그럼 정초는 뭘까요? 정초(正初)는 정월의 처음 며칠 동안을 말해요.

正 **가운데 정**

■ **정곡**(正 鵠과녁 곡)
과녁 한가운데의 점
■ **정오**(正 午낮 오)
태양이 하늘 한가운데에 있는 때 / 낮 12시
■ **자정**(子자시 자 正)
자시의 가운데 / 밤 12시

🔔 오전, 오후
정오가 되기 전은 '오전', 정오가 지난 후는 '오후'라고 해요.

正 **정월 정**

■ **정월**(正 月달 월)
음력 1월
■ **정월**(正 月) **초하루**
음력 1월 1일 / 설날
■ **정월**(正 月) **대보름**
음력 1월 15일
■ **정초**(正 初처음 초)
정월의 처음 며칠

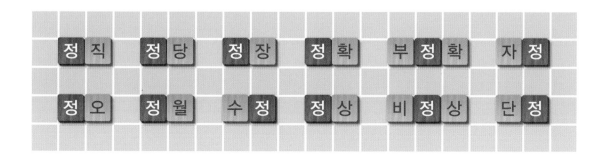

| 정 | 직 | 정 | 당 | 정 | 장 | 정 | 확 | 부 | 정 | 확 | 자 | 정 |
| 정 | 오 | 정 | 월 | 수 | 정 | 정 | 상 | 비 | 정 | 상 | 단 | 정 |

正
바를 정

정직

정말

진정

정답

정확

부정확

공정

정당

정정당당

정상

비정상

정식

정장

단정

① **주어진 한자를 따라 쓰세요.**

```
수 ─┐              ┌─ 직
   비 상  正  교 부 호
공 ─┘    바를 정    └─ 월
```

② **어떤 낱말에 대한 설명인지 쓰세요.**

1) 거짓이 아닌 말 ➡ ☐☐

2) 나쁜 법의 내용을 고쳐 바로잡는 것 ➡ ☐☐

3) 음력 1월 1일 / 설날 ➡ ☐☐ ☐☐☐

4) 글자나 글이 틀렸을 때에 바로잡는 것 ➡ ☐☐

5) 태양이 하늘 한가운데 있는 때 / 낮 12시 ➡ ☐☐

③ **알맞은 낱말을 찾아 문장을 완성하세요.**

1) 우리 서로 ☐☐☐☐한 경기를 하자.

2) 멋을 부리는 것도 좋지만, 옷차림은 ☐☐해야 해.

3) 민수는 말이 많지 않지만, 말을 하면 늘 ☐☐을 찌르지.

4) ☐☐을(를) 알리는 시계 종소리가 12번 울렸어.

5) 지난번 축구 경기에서 심판은 전혀 ☐☐하지 않았어.

4 문장에 어울리는 낱말을 골라 ○표 하세요.

1) 우물쭈물하지 말고 (정확 / 정당)하게 말해야지.

2) (정직 / 정식)한 사람이 되어야 해.

3) 낮 12시는 (자정 / 정오)(이)야.

4) 이번 퀴즈대회에서 (정답 / 정말)을 12개나 맞췄어.

5) 올바른 상태는 (정상 / 진정)이라고 말해.

5 그림을 보고, 알맞은 낱말을 쓰세요.

1) □□ 2) □□

6 그림을 보고, 알맞은 낱말을 연결하세요.

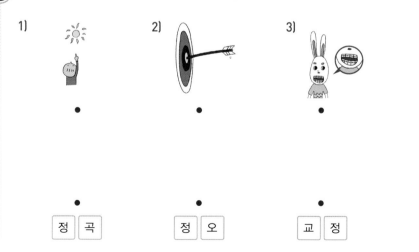

1) 2) 3)

정곡   정오   교정

수정
수정액
정정
개정
교정
교정 부호
정색
정곡
정오
자정
정월
정월 초하루
정월 대보름
정초

옷차림이 비정상이야

非
아닐 비

엄마, 학교… 다녀… 오겠… 음냐.

잠옷을 입고 학교에 가면 사람들이 비정상이라고 놀릴 거예요.

비정상은 정상이 아니라는 말이잖아요.

이처럼 비(非)는 '아니다'라는 뜻이에요.

그러면 평상시와 다르게 매우 급하고

위태로운 때는 뭐라고 할까요?

그래요, 비상(非常)이라고 해요.

불이 나거나 홍수가 나면 비상

이지요.

빈칸을 채우면서 '비'의 뜻을

익혀 보세요.

비상인 시기는 비상시(非常時),

비상시에 쓰는 건 □□용,

비상시에 쓰려고 만든 출입구는

□□구,

비상시에 쓰려고 몰래 모은 돈은 □□금,

비상시에 필요한 약품은 □□ 약품이에요.

앗! 고양이가 깼다. 피해.

따랑~

번쩍

비상이다. 전속력으로 달려.

非 아닐 비

- **비정상**(非 正바를 정 常항상 상)
  정상이 아닌 것
- **비상**(非常)
  평상시와 다르게 매우 급하고 위태로운 때
- **비상시**(非常 時때 시)
  비상인 시기
- **비상용**(非常 用쓸 용)
  비상시에 쓰는 것 / 비상시에 쓰는 물건
- **비상구**(非常 口입구 구)
  비상시에 쓰려고 만든 출입구
- **비상금**(非常 金돈 금)
  비상시에 쓰려고 몰래 모은 돈
- **비상 약품**
  (非常 藥약 약 品물건 품)
  비상시에 필요한 약품

그런데 '비상'을 사람한테 쓰면 무슨 뜻일까요?
사고를 많이 쳐서 비상 약품이 항상 필요한 아
이일까요? 아니에요. 이때 비상은 보통이 아닌
뛰어난 재주를 가지고 있다는 뜻이 되어요.

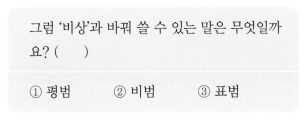

> 그럼 '비상'과 바꿔 쓸 수 있는 말은 무엇일까
> 요? (   )
>
> ① 평범   ② 비범   ③ 표범

정답은 ②번이에요. 비범(非凡) 역시 '보통이 아니다', '뛰어나
다'라는 뜻이에요.
'비'의 뜻을 생각하며 빈칸을 채워 보세요.
한 분야에서 뛰어난 지식을 갖춘 사람은 전문가,
전문가가 아닌 사람은 □전문가예요.
어떤 모임에 속한 사람은 회원,
회원이 아닌 사람은 □회원이에요.
차례대로 어떤 일을 맡아 하게 된
사람은 당번, 당번이 아닌 사람은
□번이라고 해요.
이제 과학 시간에 배우는 것을 확인해
볼까요? 금과 철은 금속이에요. 하지만 나뭇조각과 돌멩이는
금속이 아니지요.

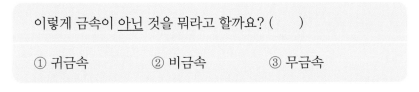

> 이렇게 금속이 <u>아닌</u> 것을 뭐라고 할까요? (   )
>
> ① 귀금속   ② 비금속   ③ 무금속

네, ②번 비금속이에요.
비금속은 금속이 아닌 것들을 통틀어 말할 때에 쓰는 말이에요.

■ **비상**(非 常보통 상)
보통이 아닌 뛰어난 재주를 가
지고 있는 것
■ **비범**(非 凡평범할 범)
보통이 아닌 것 / 뛰어난 것
■ **비전문가**(非 專오로지 전 門
분야 문 家사람 가)
전문가가 아닌 사람
■ **비회원**(非 會모임 회 員사람 원)
회원이 아닌 사람
■ **비번**(非 番당번 번)
당번이 아닌 사람
■ **비금속**(非 金쇠 금 屬무리 속)
금속이 아닌 것

🔔 **비철금속**
비철금속은 금속 중에서도 철
이 아닌 금속을 말해요.
자석에 붙지 않는 금, 은, 구
리, 알루미늄 같은 금속을 비
철금속이라고 하지요.

시골길은 포장되지 않아서 울퉁불퉁해요.

이런 길을 뭐라고 할까요? (　　)

① 비포장 길
② 막포장 길
③ 겉포장 길

토끼 살려~!

차가 통통 튀니 재밌지?

포장하지 않았으니까 비포장 길이에요.
비포장 길은 단단하고 판판하게 아스팔트를 깔지 않은 길을 가리키는 말이에요. 여기서 비(非)는 '~하지 않다'라는 뜻으로 쓰이지요.

해수욕장에 왜 이렇게 사람이 없지?

겨울은 **비수기**잖아. 근데 너 안 춥냐?

물건이나 장소가 많이 쓰이지 않는 때를 비수기(非需期)라고 해요. 또 돈을 받고 팔지 않고, 그냥 써 보라고 나누어 주는 물건은 비매품(非賣品)이에요.
자, 그럼 이제 친구들 힘으로 빈칸을 채워 볼까요?
다른 사람에게 드러내면 공개, 공개하지 않으면 □□□지요.
무기를 갖추면 무장, 무기를 갖추지 않으면 □□□이에요.
정답은 비공개, 비무장이에요.
비(非)는 '없다'라는 뜻도 있어요. 사람이 지녀야 할 따뜻한 정이 없으면 비정(非情)하다고 해요. 양심이 없는 사람은 비양심적인 사람이라고 하지요.

非 ~하지 않을 비

■ 비포장(非 包쌀 포 裝꾸밀 장)
포장하지 않은 것
■ 비수기(非 需쓰일 수 期기간 기)
물건이나 장소가 많이 쓰이지 않는 때
■ 비매품(非 賣팔 매 品물건 품)
팔지 않고 그냥 나누어 주는 물건
■ 비공개(非 公드러낼 공 開열 개)
공개하지 않은 것
■ 비무장(非 武무기 무 裝갖출 장)
무기를 갖추지 않은 것

非 없을 비

■ 비정(非 情정 정)
따뜻한 정이 없는 것
■ 비양심적(非 良어질 양 心마음 심 的~할 적)
양심이 없는

🔔 비핵화
무기 중에서 가장 무서운 것이 핵무기예요. 그 핵무기를 없게 하는 것이 비핵화(非 核핵 핵 化될 화)예요. 그리고 핵무기가 없는 나라가 비핵국(非核國나라 국)이지요.

'시비를 건다'라고 하면 싸움을 거는 걸로만 생각하는 사람이 많아요. 하지만 시비(是非)는 원래 옳고 그름이라는 뜻이에요. 옳고 그름을 따지다 보니 싸움이 나는 거지요.

'시비를 가린다'도 같은 말이에요.

시비조(是非調)는 트집을 잡아서 시비 거는 말투예요.

아니에요! 여기서 비행(非行)은 그릇된 행동을 말해요. 그릇된 행동을 하는 청소년을 비행 청소년이라고 해요. 물론 그릇된 행동의 기준은 사람마다 약간 다를 수도 있지만요.

이렇게 비(非)는 '그릇된', '잘못된', '어긋나는'이라는 뜻도 지니고 있어요. 그래서 도리에 어긋나는 나쁜 짓을 비리(非理)라고 해요.

非 **그릇될 비**

■ **시비**(是옳을 시 非)
옳고 그른 것

■ **시비조**(是非 調말투 조)
시비 거는 말투

■ **비행**(非 行행동 행)
그릇된 행동

■ **비행 청소년**(非行 靑젊을 청 少어릴 소 年나이 년)
그릇된 행동을 하는 청소년

■ **비리**(非 理도리 리)
이치나 도리에 어긋나는 것

🔔 시시비비

시시비비(是是非非)는 옳은 것은 옳고, 그른 것은 그르다고 하는 것을 말해요. 한 마디로 옳고 그름을 말하지요.

🔔 이런 말도 있어요

비리를 저지르면 사람들에게 비난을 받지요.

비난(非難)은 남의 잘못을 들춰내 나쁘게 말하는 거예요.

여기서 비(非)는 '나무라다'라는 뜻이지요.

■ **비난**(非나무랄 비 難꾸짖을 난) 남의 잘못을 나쁘게 말하는 것

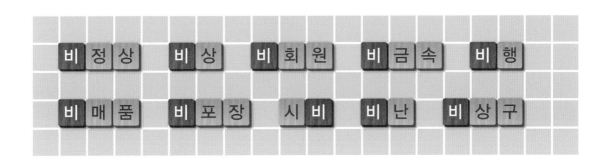

비정상　비상　비회원　비금속　비행

비매품　비포장　시비　비난　비상구

비정상

비상

비상시

비상용

비상구

비상금

비상 약품

비범

비전문가

비회원

비번

비금속

비철금속

비포장

① 주어진 한자를 따라 쓰세요.

| 상 | | | 난 |

정상 — 非 — 양 심 적

| 범 | | | 리 |

아닐 **비**

② 어떤 낱말에 대한 설명인지 쓰세요.

1) 평상시와 다르게 매우 급하고 위태로운 때 ➡ ☐☐

2) 보통이 아닌 뛰어난 재주를 가지고 있는 것 ➡ ☐☐

3) 금속이 아닌 것 ➡ ☐☐☐

4) 팔지 않고 그냥 나누어 주는 물건 ➡ ☐☐☐

5) 시비 거는 말투 ➡ ☐☐☐

③ 알맞은 낱말을 찾아 문장을 완성하세요.

1) 지연이가 다쳤어. 빨리 ☐☐☐☐ 을 찾아와!

2) 쓰레기를 함부로 버리다니, ☐☐☐☐ 이야.

3) 얼굴은 나오지 않도록 ☐☐☐ 로 해 주세요.

4) 이번 회장 선거는 ☐☐ 없는 공정한 선거였어.

5) 다섯 살에 천자문을 다 떼다니 정말 머리가 ☐☐ 하군.

4 문장에 어울리는 낱말을 골라 ○표 하세요.

1) 화재가 나면 (비상구 / 비상금)을(를) 통해 건물 밖으로 나가야 해.

2) 난 오늘 (비번 / 비범)이야.

3) 거짓말을 한 정희에게 (비행 / 비난)이 쏟아졌어.

4) 시골길은 대체로 울퉁불퉁한 (비포장 / 비수기) 길이야.

5) (시비 / 시비조)로 말을 하면 기분이 나쁘잖아.

5 그림을 보고, 알맞은 낱말을 쓰세요.

1) 해수욕장에 왜 이렇게 사람이 없지? / 겨울은 □□□잖아. 근데 너 안 춥냐?

2) 살집이 통통하시네요. / 너 □□ 거는 거냐?

6 그림을 보고, 알맞은 낱말을 연결하세요.

1) 이럴 줄 알고 □□□ 고무보트를 준비했지롱.

2) 으악~ □□□(으)로 빠져나가자!

3) 첫 번째 안전 수칙, □□□에는 힘껏 방귀를 뀔 것! 뿌옹~

비	상	시

비	상	구

비	상	용

비수기

비매품

비공개

비무장

비정

비양심적

비핵화

시비

시비조

비행

비행 청소년

비리

시시비비

비난

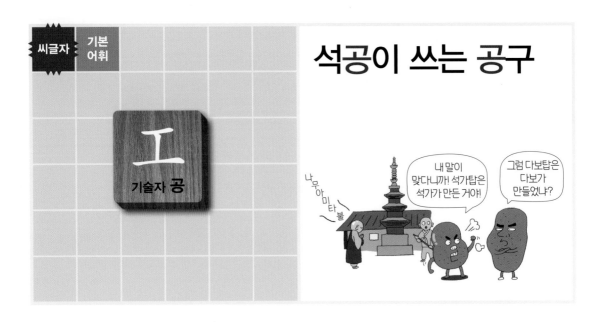

석공이 쓰는 공구

工

기술자 공

정말 석가탑은 누가 만들었을까요? ( )

① 석사 　　② 석공 　　③ 석고 　　④ 공장

정답은 ②번 석공이에요.

석공(石工)은 돌을 다루는 기술자예요. 공(工)이 '기술자'를 가리키는 말이거든요.

자, 다른 기술자는 뭐라고 할지 생각하며 빈칸을 채워 보세요.

도자기를 만드는 기술자는 도☐,

전기 제품을 다루는 기술자는 전기☐,

물건을 고치는 기술자는 수리☐이에요.

그래요, 모두 뒤에 '공'이 붙지요?

석공이 돌을 다듬을 때에는 끌과 망치를 쓰지요. 그럼 기술자들이 쓰는 도구를 뭐라고 할까요?

맞아요. 공구라고 해요.

공구(工具)는 물건을 만들거나 고칠 때에 기술자가 쓰는 도구를 말한답니다.

工 | 기술자 공

■ **석공**(石돌 석 工)
돌을 다루는 기술자

■ **도공**(陶도자기 도 工)
도자기를 만드는 기술자

■ **전기공**(電전기 전 氣기운 기 工)
전기 제품을 다루는 기술자

■ **수리공**
(修고칠 수 理손질할 리 工)
물건을 고치는 기술자

■ **공구**(工 具도구 구)
기술자가 쓰는 도구

내일은 **공작** 수업 준비를 해 오세요.

공작?

■ **공작**(工 作만들 작)
만들기

■ **인공**(人사람 인 工)
사람이 만든 것

■ **인공호흡**
(人工 呼내쉴 호 吸들이쉴 흡)
혼자서 숨을 쉴 수 없는 사람이 호흡을 할 수 있게 만들어 주는 것

🔔 호흡
호흡은 숨을 내쉬고 들이쉬는 걸 말해요.

내일은 공작새가 수업을 하는 걸까요? 설마? 그건 아니지요.
공작(工作) 수업은 만들기 수업을 말해요. 기술자는 물건을 잘 만드는 사람이잖아요. 그래서 공(工)은 '만들다'라는 뜻으로도 쓰이거든요.

> 다음 중 공작이 <u>아닌</u> 것은 무엇일까요? (   )
>
> ① 종이접기   ② 팔굽혀펴기   ③ 새집 만들기

정답은 ②번이에요. 팔굽혀펴기는 '만들기'가 아니라 운동이잖아요.

> 오른쪽 그림의 빈칸에 들어갈 말은 뭘까요? (   )
>
> ① 인공   ② 가공   ③ 전공   ④ 수공

쉽지요? 정답은 ①번 인공이에요.
인공(人工)은 사람이 만들어서 하는 걸 말해요. 그러니까 인공 호흡은 혼자서 숨을 쉴 수 없는 사람이 호흡을 할 수 있게 만들어 주는 거지요.
사람이 만든 폭포는 ☐☐ 폭포, 사람이 만든 호수는 ☐☐ 호수, 사람이 만든 비는 ☐☐ 비라고 해요. 이렇게 '인공'이라는 말이 붙으면, 사람이 만들었다고 생각하면 돼요.

■ **인공**(人工) **폭포**
사람이 만든 폭포

■ **인공**(人工) **호수**
사람이 만든 호수

■ **인공**(人工) **비**
사람이 만든 비

맙소사. 숨을 안 쉬는걸. ☐☐**호흡**을 해야겠어.

어…, 웬 삽질? 보물 찾나?

저건 감자 캐는 거야.

이건 '공사 중'이라는 표시예요. 공사? 공작과 비슷한 건가요? 무언가를 만든다는 점에서는 비슷해요. 하지만 공사(工事)는 건물이나 다리 등을 만드는 일을 말해요.

다음 중 공사를 해서 만드는 게 <u>아닌</u> 것은 무엇일까요? (   )
① 터널   ② 공책   ③ 지하철   ④ 아파트

정답은 ②번 공책이에요. 공책을 만들려고 땅을 파는 사람은 없지요. 공책은 공장에서 만들어요. 하지만 공장을 지으려면 공사를 해야 하지요.

공사와 관련된 말을 빈칸을 채우며 계속 알아보아요.

공사를 하는 장소는 □□장,

공사를 할 때에 드는 돈은 □□비예요.

공사를 일으켜 시작하는 것은 기공(起工)이에요.

그러니까 □□식은 공사를 시작할 때에 하는 행사를 말해요.

그럼 공사를 끝내는 것은 뭘까요?

완□이지요. 준□도 공사를 마쳤다는 말이에요.

工 공사 공

■ **공사**(工 事일 사)
건물이나 다리 등을 만드는 일

■ **공사장**(工 事 場장소 장)
공사를 하는 장소

■ **공사비**(工 事 費비용 비)
공사를 할 때에 드는 돈

■ **기공**(起일으킬 기 工)
공사를 일으켜 시작하는 것

■ **기공식**(起 工 式행사 식)
공사를 시작할 때에 하는 행사

■ **완공**(完끝낼 완 工)
공사를 끝내는 것

■ **준공**(竣마칠 준 工)
공사를 마치는 것

🔔 **착공**
기공과 비슷한 말이 착공(着시작할 착 工)이에요. 기공식과 착공식은 같은 말이지요.

🔔 **이런 말도 있어요**

공부(工만들 공 夫사나이 부)는 원래 무언가를 만드는 남자, 즉 일꾼이라는 말이에요. 옛날에는 절에서 스님들이 불상을 닦거나 청소나 요리를 하며 마음을 닦는 일을 공부라고 했어요. 그것이 지금은 학문과 기술을 배우고 익힌다는 뜻이 됐지요.

공부하랬더니 뭐하는 짓이냐!

모르시는 말씀, 이게 **공부**라니까요.

위이잉~

안녕. 여기는 날마다 엄청나게 많은 초콜릿을 만드는 **공장**이야.

工　만들 공

■ **공장**(工 場장소 장)
물건을 한꺼번에 많이 만들어 내는 곳

■ **가공**(加더할 가 工)
어떤 재료를 바꿔 새로운 물건을 만드는 것

■ **가공품**(加工 品물건 품)
가공한 물건

와! 윌리웡카의 초콜릿 공장이네요.

공장(工場)은 물건을 한꺼번에 많이 만들어 내는 곳이에요.

공장에서는 기계와 사람이 어우러져 똑같은 물건을 한꺼번에 많이 만들어 내요.

토마토 다이어트 기계야. ㅋㅋ

ㄷㄷㄷㄷ~

밭에서 딴 토마토가 공장에 갔어요. 분명히 동그랗고 통통한 모습으로 들어갔는데, 나올 때에는 전혀 알아볼 수 없게 되었어요. 기계로 갈아서 주스를 만들어 버렸거든요.

어떤 재료를 바꿔 새로운 물건을 만드는 것은 뭘까요? 가공(加工)이라고 해요. 그리고 토마토를 가공해서 만든 토마토 주스나 토마토 케첩 같은 것을 가공품(加工品)이라고 하고요.

■ **공학**(工 學학문 학)
물건을 만들어 내는 방법에 관한 학문

■ **공학자**(工 學 者사람 자)
공학을 연구하는 사람

그런데 토마토를 주스로 만드는 방법은 누가 생각해 냈을까요?

공학을 공부하는 사람들이에요. 공학(工學)은 물건을 만들어 내는 방법에 관한 학문이에요. 그리고 공학을 연구하는 사람을 공학자라고 해요.

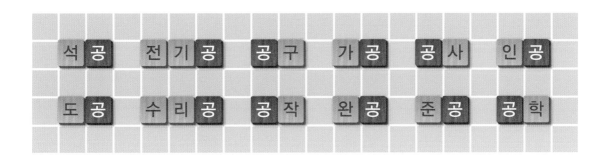

석공	전기공	공구	가공	공사	인공
도공	수리공	공작	완공	준공	공학

씨글자
블록 맞추기

기술자 공

석공

도공

전기공

수리공

공구

공작

인공

인공호흡

인공 폭포

인공 호수

인공 비

공사

공사장

① 주어진 한자를 따라 쓰세요.

| 석 | | | | | | | | 사 |
| 완 | 가 | 품 | 工 | 인 | 호 | 수 | 학 |

기술자 공

② 어떤 낱말에 대한 설명인지 쓰세요.

1) 건물이나 다리 등을 만드는 일 → ☐☐

2) 도자기를 만드는 기술자 → ☐☐

3) 혼자서 숨을 쉴 수 없는 사람이 호흡을 할 수 있게 만들어 주는 것 →

☐☐☐☐

4) 어떤 재료를 바꿔 새로운 물건을 만드는 것 → ☐☐

③ 알맞은 낱말을 찾아 문장을 완성하세요.

1) 이번 ☐☐ 수업에서는 종이접기를 하기로 했어.

2) 분수가 어우러진 ☐☐ 폭포는 정말 아름다워.

3) 비가 너무 내리지 않아 ☐☐☐ 를 만들어 뿌리면 좋겠어.

4) 집을 짓고 있는 ☐☐☐ 옆을 지날 땐 안전에 신경 쓰자.

5) 지하철 ☐☐ 로 길이 무척 혼잡해졌어.

4 문장에 어울리는 낱말을 골라 ○표 하세요.

1) 얼마 전까지 땅을 파서 (공사 / 공장) 중이더니 벌써 새 건물이 들어섰네.

2) 어떤 재료를 바꿔 새로운 물건을 만드는 것은 (기공 / 가공)이야.

3) 드디어 도서관이 (완공 / 착공)돼서 책을 보러 갈 수 있어.

4) 극심한 가뭄에 (인공 / 도공) 비를 뿌리기로 결정했어.

5) 도자기를 만드는 (가공 / 도공)들의 섬세한 손길이 느껴져.

5 그림을 보고, 알맞은 낱말을 쓰세요.

1)

2)

6 그림을 보고, 알맞은 낱말을 쓰세요.

나는 여러 종류가 있고, 물건을 만들 때에 기술자들이 쓰는 도구인 □□야.

| 공사비 |
| 기공 |
| 기공식 |
| 완공 |
| 준공 |
| 착공 |
| 공부 |
| 공장 |
| 가공 |
| 가공품 |
| 공학 |
| 공학자 |

손동작으로 그림자 놀이 해 볼까?

作 만들 작

지금부터 그림자놀이 **손동口**을 배워 보자. 선생님을 따라해 봐. **시口!**

뭘 하자는 건지?

흐음, 저 움직임. 재미있어 보이는데, 친구들은 어려운가 봐요. 위 그림의 빈칸에 공통으로 들어갈 말은 무엇일까요? (   )

① 험   ② 물   ③ 굴   ④ 작

정답은 ④번이에요. 작(作)은 어떤 행동을 한다는 말이에요. 움직이는 것은 동작(動作), 처음 하는 것은 시작(始作)이죠. 그럼 헤어지는 것은요? 작별(作別)이라고 하죠. 일을 하는 건 작업(作業)이에요. 작업할 때에 입는 옷은 작업복, 작업하는 방은 작업실이라고 하지요.

작용(作用)은 어떤 일이 일어나게 하는 거예요. 작용에 반대되는 움직임은 반작용, 작용에 덧붙어 일어나는 바람직하지 못한 일은 부작용이라고 하죠. 화장품이나 약, 세제 등은 부작용을 조심해야 해요.

누나, 머리가 왜 그래?

샴푸 **부작용** 같아.

作 **행할 작**

■ **동작**(動움직일 동 作)
움직이는 것

■ **시작**(始처음 시 作)
처음 하는 것

■ **작별**(作 別헤어질 별)
헤어지는 것

■ **작업**(作 業일 업)
일을 하는 것

■ **작업복**(作 業 服옷 복)
작업할 때에 입는 옷

■ **작업실**(作 業 室방 실)
작업하는 방

■ **작용**(作 用쓸 용)
어떤 일이 일어나게 하는 것

■ **반작용**(反반대 반 作用)
작용에 반대되는 움직임

■ **부작용**(副버금 부 作用)
작용에 덧붙어 일어나는 바람직하지 못한 일

한자 작(作)은 사람(人)과 손(乍)이 만나서 된 글자예요. 사람이 손을 써서 일하면 물건이 만들어지지요. 그래서 작(作)에는 '만들다'라는 뜻도 있어요.

남북 **합작** 영화
〈아리랑 고개〉가
7천만 관객을…

북한 **공작원**으로
나오는 배우
잘생겼더라.

7천만? 못 믿겠어.
숫자 **조작**한 거
아냐?

와, 얼마나 재미있는 영화이기에 7천만 명이 봤을까요? 이미 남북한 사람이 모두 보았나 봐요. 합작(合作)은 함께 만든다는 것이죠. 남북 합작 영화는 남한과 북한이 함께 만든 영화란 뜻이에요.

공작(工作)은 두 가지 뜻으로 쓰여요. 첫 번째는 어떤 것을 만든다는 뜻이죠. 찰흙이나 종이 같은 것으로 무언가를 만드는 것을 공작이라고 하죠. 두 번째는 어떤 일을 미리 꾸민다는 뜻이 있어요. 공작원은 일을 미리 꾸미는 사람이죠.

'조작'에는 두 가지가 있어요. 조작(造作)은 거짓으로 꾸며 만든다는 말이죠. 예를 들어 여론 조작이라는 말은 사람들의 의견을 거짓으로 만든 것이에요. 또 다른 조작(操作)은 기계 같은 것들을 움직이게 만든다는 말이에요. 조작법은 조작하는 방법이에요.

끝으로, '작'이 쓰인 사자성어 하나 알아볼까요? 작심삼일(作心三日)은 마음먹은 것이 삼 일밖에 안 간다는 소리예요. 의지가 굳지 못한 걸 꼬집는 말이죠.

作 만들 작

■ **합작**(合합할 합 作)
함께 만드는 것

■ **합작 영화**
(合作 映비칠 영 畵그림 화)
함께 만든 영화

■ **공작**(工만들 공 作)
어떤 것을 만드는 것 / 어떤 일을 미리 꾸미는 것

■ **공작원**(工作 員사람 원)
일을 미리 꾸미는 사람

■ **조작**(造꾸밀 조 作)
거짓으로 꾸며 만드는 것

■ **조작**(操부릴 조 作)
기계 같은 것들을 움직이게 만드는 것

■ **조작법**(操作 法방법 법)
조작하는 방법

■ **작심삼일**
(作·心마음 심 三셋 삼 日날 일)
마음먹은 것이 삼 일밖에 안 가는 것, 의지가 굳지 못한 것

난 베토벤보다 훨씬 멋진 곡을 □□ 할 거야!

오우, 각오가 대단합니다!
빈칸에 들어갈 말은 무엇일까요? (   )

① 작곡   ② 작사
③ 미곡   ④ 수락

베토벤보다 멋진 곡을 짓겠다니까 정답은 작곡(作曲)이죠. 작사(作詞)는 가사를 짓는 거고요. 이렇게 작(作)은 노래나 글 등을 짓는다는 뜻도 가지고 있어요. 글을 짓는 것은 작문(作文), 영어로 글을 짓는 것은 영작(英作)이죠.

무엇을 짓는 사람은 작가(作家)예요.

작곡하는 사람은 작곡가, 작사하는 사람은 작사가죠.

작가가 만든 결과물은 작품(作品)이라고 해요.

농사를 짓는다는 말에도 작(作)이 들어가요.

농작(農作)은 농사를 짓는다는 말이에요. 농사를 지어서 나온 결과물은 농작물이죠.

경작(耕作)도 농작과 비슷한 말이에요. 농사짓는 땅을 경작지라고 하죠.

농사가 잘되어 농작물을 풍성하게 거두면 풍작(豊作)이에요. 반대말은 흉작(凶作)이죠.

에고, 오늘 매상은 반타작이군.

타작(打作)은 곡식의 이삭을 털어서 낱알을 거두는 일이에요. 반타작은 반만 타작했다는 말인데, 원래 얻으려고 했던 것의 반밖에 얻지 못했다는 뜻으로 쓰는 말이지요.

작(作)은 '작품'을 뜻하기
도 해요. 주로 다른 말의
뒤에 붙을 때에 이런 뜻
으로 쓰이죠. 창작(創作)
은 작품을 만든다는 뜻
이고, 야심작(野心作)은

이 작품이야말로 나의 **야심작**

야심을 가지고 열심히 지은 작품이라는 말이지요. 역작(力作)
도 비슷한 말인데, 온힘을 들여 만든 작품을 뜻하죠.
그리기 대회나 글짓기 대회에서 주는 상 이름에도 '작(作)'이 붙
어요. 당선작(當選作)은 뽑기에 알맞은 훌륭한 작품, 가작(佳
作)은 아름다운 작품이라는 뜻이에요.
명작(名作)은 이름난 작품이란 뜻이에요. 걸작(傑作)은 뛰어난
작품, 수작(秀作)은 빼어난 작품이란 말이에요.
어떤 작가가 새로 만든 작품은 신작(新作)이에요. 그 작가의 작

만세!
드디어 세상에 둘도
없는 **걸작**을
완성했다!

품 중 대표할 만한 작품을 대
표작(代表作)이라고 하죠. 작
가가 죽으면서 마지막으로 남
기고 간 작품은 유작(遺作)이
라고 하지요. "예술은 길고 인
생은 짧다."라고 하죠? 사람은
죽어도 작품은 남는 법이에요.

作 작품 작

■ **창작**(創만들 창 作)
작품을 만드는 것
■ **야심작**
(野들판 야 心마음 심 作)
야심을 가지고 열심히 만든 작품
■ **역작**(力 힘쓸 역 作)
온힘을 기울여 만든 작품
■ **당선작**
(當알맞을 당 選뽑을 선 作)
뽑기에 알맞은 훌륭한 작품
■ **가작**(佳아름다울 가 作)
아름다운 작품
■ **명작**(名 이름 명 作)
이름난 작품
■ **걸작**(傑뛰어날 걸 作)
뛰어난 작품
■ **수작**(秀빼어날 수 作)
빼어난 작품
■ **신작**(新새 신 作)
새로 만든 작품
■ **대표작**
(代대신할 대 表드러낼 표 作)
대표할 만한 작품
■ **유작**(遺남길 유 作)
작가가 죽으면서 마지막으로 남
기고 간 작품

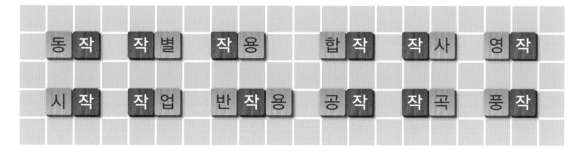

| 동작 | 작별 | 작용 | 합작 | 작사 | 영작 |
| 시작 | 작업 | 반작용 | 공작 | 작곡 | 풍작 |

作
만들 작

동작
시작
작별
작업
작업복
작업실
작용
반작용
부작용
합작
합작 영화
공작
공작원
조작
조작법
작심삼일
작곡
작곡가
작사
작사가
작문

① 주어진 한자를 따라 쓰세요.

시				品
	경 지	作	심 삼 일	
조		만들 작		가

② 어떤 낱말에 대한 설명인지 쓰세요.

1) 어떤 일이 일어나게 하는 것 ➡ ☐☐

2) 함께 만드는 것 ➡ ☐☐

3) 영어로 글을 짓는 것 ➡ ☐☐

4) 작품을 만드는 것 ➡ ☐☐

5) 반만 타작한 것 / 원래 얻으려고 했던 것의 반밖에 얻지 못한 것

➡ ☐☐☐

③ 알맞은 낱말을 찾아 문장을 완성하세요.

1) 모두들 ☐☐ 그만! 거기 움직이는 사람 누구야?

2) 어젯밤 우박이 내려서 농가의 ☐☐☐ 피해가 심하대.

3) 이 약의 ☐☐☐ 은 살이 많이 찐다는 점이야.

4) 이번 작품은 온힘을 기울여서 만든 ☐☐ 이야.

5) ☐☐☐ 에 기름이 묻는 것도 모르고 정말 열심히 일했어.

4 문장에 어울리는 낱말을 골라 ○표 하세요.

1) 올해는 (풍작 / 흉작)이라 수확물이 많구나!

2) 영화 배우 정빈의 (대표작 / 타작)은 영화 〈가을 향기〉야.

3) 헤어져야 하는 (작업 / 작별)의 시간이 다가오자 눈물이 멈추질 않아.

4) 새해에는 공부도 하고 아침 운동도 하겠다더니, (작심삼일 / 합작 영화)이구나!

5) 황량한 땅을 (타작 / 경작)해서 이만큼 수확을 했어.

5 그림을 보고, 알맞은 낱말을 쓰세요.

1)

2)

6 다음 중 예술가의 활동과 가장 거리가 먼 그림을 고르세요. (   )

영작
작가
작품
농작
농작물
경작
경작지
풍작
흉작
타작
반타작
창작
야심작
역작
당선작
가작
명작
걸작
수작
신작
대표작
유작

옳은지 그른지 시비를 따져 볼까?

是 옳을 시
非 그릇될 비

반의 한자

내가 맞아.

아냐, 내가 맞아!

시비를 따져 볼까?

파지직!

친구하고 놀다가 "네가 옳아? 내가 옳아!" 하고 따져 본 적이 있을 거예요. 이런 경우에 "시비를 따진다."라는 말을 써요. 시비는 옳을 시(是)와 그릇될 비(非)가 만난 낱말로 옳은 것과 그른 것을 말해요. 그래서 시비를 따진다는 것은 옳고 그름을 따지는 거지요. 시시비비라는 말도 있어요. 시시비비는 옳은 것은 옳고, 그른 것은 그르다고 하는 것을 말해요. 한마디로 옳고 그름을 말하지요.

옳다의 시(是)

"범인은 자신의 잘못을 시인하였습니다."라는 말을 뉴스에서 들어 보았나요? 시인이란 어떤 사실을 그렇다고 인정하는 것을 말해요. 또 "이 문제를 시정하기 위하여 함께 노력해야 합니다."처럼 사용되는 시정은 잘못된 것을 바로잡는다는 뜻이에요.

마지막으로 "그 사람이 늦은 것에는 필시 이유가 있어요."라고 할 때의 필시도 있어요. 필시란 '아마도 틀림없이'란 뜻이에요. 그래서 이 문장은 "그 사람이 늦은 것에는 아마도 틀림없이 이유가 있어요."라고 바꾸어 말할 수도 있답니다.

是 옳을 시
非 그릇될 비

옳은 것과 그른 것 / 옳고 그름을 따지거나 트집을 잡으면서 다투는 것

시시비비(是是非非)
옳은 것은 옳고, 그른 것은 그르다고 하는 것

시인(是 認알 인)
어떤 사실을 그렇다고 인정하는 것

시정(是 正바를 정)
잘못된 것을 바로잡는 것

필시(必반드시 필 是)
아마도 틀림없이

아니다의 비(非)

비(非)는 '아니다'의 뜻도 있어요. 그래서 원래 있던 낱말들에 '비'를 붙여 반대되는 말을 만들기도 해요. 사실이나 내용을 알리는 공개라는 말에 '비'를 붙이면 드러내 공개하지 않는다는 비공개가 돼요. 특별한 변동이나 탈이 없이 제대로인 상태를 뜻하는 정상에 '비'를 붙이면 정상이 아닌 것을 뜻하는 비정상이 돼요. 다음과 같은 말들도 이렇게 만들어진 말이에요.

전문가 ↔ □전문가 전문가가 아닌 사람 / 일정한 분야에 대하여 전문적 지식이나 기술을 갖추지 못한 사람
금속 ↔ □금속 금속이 아닌 것 / 금속 성질이 없는 물질
무장 ↔ □무장 무장하지 않은 것 / 총, 칼 같은 무기를 갖추지 않은 것
양심 ↔ □양심 양심에 어긋나는 것 / 선량한 마음에 어긋나는 것

서로 반대되는 관계가 아닌 경우도 있어요.
도리 리(理)를 붙여 만든 비리는 올바른 이치나 도리에서 어긋난 것, 평범할 범(凡)을 붙여 만든 비범은 보통이 아닌 것, 뛰어난 것이란 뜻이에요.
물건이나 장소가 많이 쓰이지 않는 시기는 비수기, 평상시와 달리 급하고 위태로운 때는 비상, 살 만큼 살지 못하는 것은 비명이에요.

비공개(非아닐 비 公드러낼 공 開열 개)
드러내 공개하지 않는 것

비정상(非 正바를 정 常항상 상)
정상이 아닌 것

비전문가(非 專오로지 전 門분야 문 家사람 가)
전문가가 아닌 사람

비금속(非 金쇠 금 屬종류 속)
금속이 아닌 것

비무장(非 武무기 무 裝갖출 장)
무장하지 않은 것

비양심(非 良어질 양 心마음 심)
양심에 어긋나는 것

비리(非 理도리 리)
올바른 이치나 도리에서 어긋난 것

비범(非 凡평범할 범)
보통이 아닌 것 / 뛰어난 것

비수기(非 需쓰일 수 期기간 기)
물건이나 장소가 많이 쓰이지 않는 시기

비상(非常)
평상시와 달리 급하고 위태로운 때

비명(非 命목숨 명)
살 만큼 살지 못하는 것

날가죽과 무두질한 가죽, 피혁

皮 가죽 피
革 가죽 혁

유의 한자

이건 옷 만들 때,

이건 구두 만들 때 써야 해.

가죽을 뜻하는 두 개의 한자어가 있어요. 가죽 피(皮)와 가죽 혁(革)이에요. 하지만 그 뜻은 약간 달라요.

'피'는 다듬지 않은 짐승의 가죽 그대로를 말하며, '혁'은 부드럽게 다듬은 짐승의 가죽을 말하지요. 그래서 피혁이라고 하면 다듬지 않은 날가죽과 무두질한 가죽을 아울러 가리키는 말이에요. 무두질은 가죽을 부드럽게 다듬는 것을 말해요.

겉가죽이란 뜻을 지닌 말, 피(皮)

털이 있는 짐승의 가죽은 무엇이라고 할까요? 바로 모피랍니다. 특정 동물의 가죽을 가리키는 낱말도 있어요.

양의 가죽은 양피,

돼지의 가죽은 돈피라고 하지요.

물론 동물에게만 가죽이 있는 것은 아니에요. 식물의 경우에도 겉껍질을 가죽이라고 한답니다. 그래서 계수나무 껍질을 계피라고 하는 것이지요.

피부는 사람이나 짐승의 몸 바깥을 감싸고 있는 살가죽을 말해요. 그리고 얼굴을 이루는 살가죽은 면피라고 하지요.

皮 가죽 피	革 가죽 혁
다듬지 않은 날가죽과 무두질한 가죽을 아울러 가리키는 말	

- **모피**(毛털 모 皮)
  털가죽
- **양피**(羊양 양 皮)
  양의 가죽
- **돈피**(豚돼지 돈 皮)
  돼지의 가죽
- **계피**(桂계수나무 계 皮)
  계수나무 껍질
- **피부**(皮 膚살갗 부)
  사람이나 짐승의 몸 바깥을 감싸고 있는 살가죽
- **면피**(面얼굴 면 皮)
  얼굴을 이루는 살가죽

"그 사람은 철면피야."에서 철면피란 쇠로 만든 낯가죽이란 뜻으로, 염치가 없고 뻔뻔스러운 사람을 가리킬 때 쓰는 말이랍니다. 살가죽이나 껍질이 저절로 벗겨지는 경우도 있어요. 뱀이나 매미 등의 허물을 떠올려 보세요. '가죽을 벗는다'고 하여 탈피라고 하는데요, 사람의 경우에는 어떤 생각이나 처지에서 벗어나 새로워질 때에 탈피라는 말을 쓸 수 있답니다.

고친다는 뜻도 가진 말, 혁(革)

바지가 흘러내리지 않게 허리에 두르는 가죽 띠는 날가죽을 부드럽게 손질해서 만들어요. 그래서 가죽 혁(革)과 띠 대(帶)를 써서 혁대라고 하지요.

이게요즈음 유행하는 혁대라구!

이상해.

그런데 '혁'에는 '고치다'의 뜻도 있어요. 날가죽을 부드럽게 만든다는 것은 원래의 모습과는 다르게 바꾸는 것이니까요. '고치다'라는 뜻의 '혁'이 들어가는 낱말들도 많아요. 제도나 기구 같은 것을 새롭게 뜯어 고치는 것은 개혁, 낡은 제도나 관습 같은 것을 고쳐서 새롭게 하는 것은 혁신이라고 하지요.

사회나 제도 같은 것을 완전히 달라지게 바꾸는 것은 변혁, 나라, 사회, 제도들의 본바탕을 뒤집어엎고 새것으로 바꾸는 것은 혁명이지요.

철면피(鐵쇠 철 面皮)
쇠로 만든 낯가죽, 염치가 없고 뻔뻔스러운 사람을 가리키는 말

탈피(脫벗을 탈 皮)
뱀이나 매미 등의 살가죽이나 껍질이 저절로 벗겨지는 일, 어떤 생각이나 처지에서 벗어나 새로워지는 일

혁대(革 帶띠 대)
바지가 흘러내리지 않게 허리에 두르는 가죽 띠

개혁(改고칠 개 革고칠 혁)
제도나 기구 같은 것을 새롭게 뜯어 고치는 것

혁신(革 新새 신)
낡은 제도나 관습 같은 것을 고쳐서 새롭게 하는 것

변혁(變변할 변 革)
사회나 제도 같은 것을 완전히 달라지게 바꾸는 것

혁명(革 命목숨 명)
나라, 사회, 제도들의 본바탕을 뒤집어엎고 새것으로 바꾸는 것

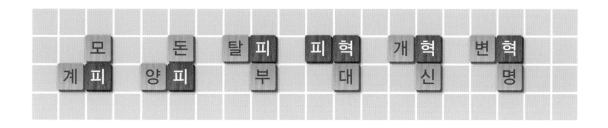

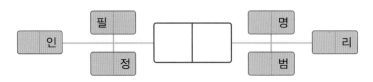

낱말밭 블록 맞추기

是 非
옳을 시 / 그릇될 비

❶ 공통으로 들어갈 낱말을 쓰세요.

인 — 필 / 정 — [ ][ ] — 명 / 범 — 리

❷ 주어진 낱말을 넣어 문장을 완성하세요.

1)

비	리
양	
심	

공정해야 할 선거에서 [ ][ ]를 저지르다니, 정말 [ ] [ ][ ]적이군!

2)

| | 필 | |
| 시 | 정 |

잘못된 것을 바로잡는 것은 [ ][ ],
'아마도 틀림없이'란 뜻의 말은 [ ][ ]야.

3)

| 비 | 범 |
| 명 | |

화가 피카소처럼 뛰어난 사람은 [ ][ ], 살 만큼 살지
못하는 것은 [ ][ ]이야.

❸ 문장에 어울리는 낱말을 골라 ○표 하세요.

1) 잘못된 관행은 (시정 / 시인)되어야 해.

2) 예상치 못한 사고로 (비명 / 비상) 대책 위원회가 만들어졌어.

3) 금속 성질이 없는 물질은 (비무장 / 비금속)이라고 해.

❹ 짝 지은 낱말의 관계가 [보기]와 다른 것을 고르세요. ( )

| 보기 | 공개 – 비공개 |

① 전문가–비전문가 ② 무장–비무장 ③ 정상–비리
④ 금속–비금속 ⑤ 양심–비양심

시비
시시비비
시인
시정
필시
비공개
비정상
비전문가
비금속
비무장
비양심
비리
비범
비수기
비상
비명

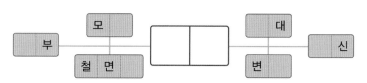

날말밭 블록 맞추기

皮 革
가죽 피 가죽 혁

1 공통으로 들어갈 낱말을 쓰세요.

부 — 모 / 철 면 — ☐☐ — 대 / 변 — 신

2 주어진 낱말을 넣어 문장을 완성하세요.

1) 면 / 피 부

사람이나 짐승의 몸 바깥을 감싸고 있는 살가죽은 ☐ ☐라고 하고, 얼굴을 이루는 살가죽은 ☐☐라고 해.

2) 개 / 혁 명

제도나 기구 같은 것을 새롭게 뜯어 고치는 것은 ☐ ☐, 나라, 사회, 제도들의 본바탕을 뒤집어엎고 새것으로 바꾸는 것은 ☐☐이야.

3) 철 / 면 / 양 피

양의 가죽은 ☐☐라고 하고, 염치가 없고 뻔뻔스러운 사람은 ☐☐☐라고 불러.

3 문장에 어울리는 낱말을 골라 ○표 하세요.

1) 제품 생산 방법의 (혁신 / 혁대)을(를) 이루었습니다.

2) 혼란과 무질서에서 (면피 / 탈피)할 방법을 찾아야 합니다.

3) 뜨거운 햇빛을 너무 오래 쬐면 (철면피 / 피부)에 화상을 입을 수 있어.

4 다음 밑줄 친 '피'가 가죽을 뜻하지 <u>않는</u> 것을 고르세요. (   )

① 에스키모 사람들은 모피로 된 옷을 입어.

② 양피 구두가 아주 부드러운걸?

③ 수정과에 들어간 계피 향이 아주 좋아.

④ 그 사람은 불법을 저지르고 책임을 면피했어.

피혁
모피
양피
돈피
계피
피부
면피
철면피
탈피
혁대
개혁
혁신
변혁
혁명

큰 것은 대!
작은 것은 소!

大 小
큰 대 작을 소

반의 한자

이 세상에는 서로 반대되는 것들이 많아요. 많고 적고, 넓고 좁고, 크고 작고…. 그중에서 큰 대(大)와 작을 소(小)가 합쳐져서 만들어진 대소가 있어요. 대소는 크고 작다는 뜻이에요. 이렇게 서로 반대되는 뜻으로 한 낱말을 이루기도 해요. 큰 것을 나타낼 때는 '대', 작은 것을 나타낼 때는 '소'가 들어간 말들을 알아볼까요?

'대'와 '소'가 들어가 반대가 되는 낱말

어떤 낱말에 '대'와 '소'가 각각 합쳐지면 간단하게 반대를 뜻하는 말이 탄생해요.

크기를 더 크게 하는 것은 확대 ↔ 크기를 더 작게 하는 것은 축소
여럿으로 나눈 큰 단위는 □단위 ↔ 여럿으로 나눈 작은 단위는 □단위
범위나 크기가 큰 것은 □규모 ↔ 범위나 크기가 작은 것은 □규모

그럼 '대'와 '소'를 이용한 낱말 놀이를 해 볼까요?

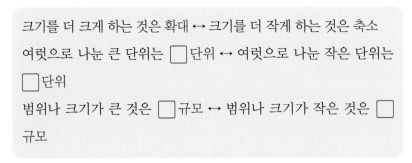

大 小
큰 대 작을 소
크고 작은 것

■ **확대**(擴넓힐 확 大)
크기를 더 크게 하는 것

■ **축소**(縮줄일 축 小)
크기를 더 작게 하는 것

■ **대단위**(大 段층계 단 位자리 위)
여럿으로 나눈 큰 단위

■ **소단위**(小段位)
여럿으로 나눈 작은 단위

■ **대규모**(大 規법 규 模본뜰 모)
범위나 크기가 큰 것

■ **소규모**(小規模)
범위나 크기가 작은 것

큰길은 대로, 가능한 한 가장 많다는 것은 최대한, 아주 크게 하는 것은 극대화예요.

이 말들의 반대말은? 맞아요. 소로, 최소한, 극소화이지요.

'대'를 '소'로만 바꾸면 끝!

'대'와 '소'가 들어간 말 중에 어느 말이 더 좋은지는 상황에 따라 다르지만 분명한 경우가 하나 있네요. 용돈이 많게 대폭 깎이면 정말 큰일이잖아요. 엄마께 적게 소폭만 깎아 달라고 말씀드려 보세요.

'대'가 들어간 낱말

'대'나 '소'와 짝을 이루어 다양한 낱말을 만들어 내는 경우가 많지만, '대'만 홀로 외롭게 쓰이는 경우도 있어요.

대강의 줄거리만 말할 때는 대략이라고 써요.

전체의 기본적인 큰 줄거리로 된 것을 가리킬 때는 대체적이라고 하지요.

자신이 읽고 감동 받은 책 중에서 친구가 아직 읽지 않은 책이 있다면 친구에게 대략의 내용을 대체적으로 소개해 보세요. 친구가 놀라서 입이 떡 벌어질지도 몰라요.

절반을 훨씬 넘는 큰 부분을 말할 때는 대부분이라는 말을 써요. 모든 친구가 나를 좋아한다면 좋겠지만, 그렇지 않더라도 괜찮아요. 대부분의 친구들이 나를 좋아한다면 행복하니까요.

- **대로**(大 路길로)
  큰길
- **최대한**
  (最가장 최 大 限한도 한)
  가능한 한 가장 많이
- **극대화**
  (極극진할 극 大 化될 화)
  아주 크게 하는 것
- **소로**(小路)
  작은 길
- **최소한**(最小限)
  가능한 한 가장 적게
- **극소화**(極小化)
  아주 작게 하는 것
- **대폭**(大 幅폭 폭)
  크게 / 많이 / 큰 폭
- **소폭**(小幅)
  적게 / 좁은 폭
- **대략**(大 略간략할 략)
  대강의 줄거리
- **대체적**(大 體몸 체 的것 적)
  전체의 기본적인 큰 줄거리로
  된 것
- **대부분**(大 部부분 부 分부분 분)
  절반을 훨씬 넘는 큰 부분

대	단	위		극			소	단	위		대	폭		대	체	적
규				최	대	한		규				로		부		
모					화			모						분		

우와! 거대하다!

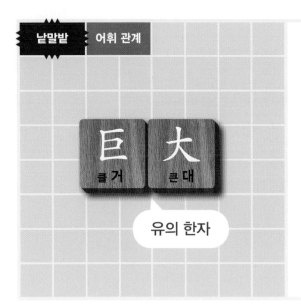

유의 한자

내 꿈은 **거대**한 밀림 속을 탐험하는 거야!

거대는 클 거(巨)와 큰 대(大)가 이어진 말이에요. 크다는 뜻이 두 번 쓰여 엄청나게 크다는 뜻이에요. 크기나 규모를 말할 때에 주로 쓰이죠.

크고 많음을 뜻하는 거(巨)

친구 생일 선물로 동화책 《잭과 콩나무》를 사는 데 거금을 썼어요. 친한 친구니까 이 정도쯤이야…. 거금은 아주 큰 액수의 돈이란 뜻으로, 거액과 같은 말이에요.

《잭과 콩나무》에서 잭은 거대하게 자란 콩나무를 타고 올라가 몸이 엄청나게 큰 거인을 만났어요.

거인은 거대한 몸을 가진 거구였지요. 잭은 거인의 보물을 가지고 돌아와 부자가 되었어요. 아마 거부가 되었을 거예요. 거부는 부자 가운데에서도 특히 큰 부자를 말해요.

거부가 된 잭은 거창한 계획을 세워 사업을 벌였을지도 몰라요. 거창하다는 매우 크고 넓다는 뜻이에요.

잭이 사업에 성공한다면 사람들이 "거물 잭!"이라고 말할 거예요. 거물은 사회적으로 영향력이 큰 인물을 말하거든요.

巨 클 거	大 큰 대
엄청나게 큰 것	

■ **거금**(巨 金돈 금)
큰 돈

■ **거액**(巨 額수량 액)
아주 큰 액수의 돈

■ **거인**(巨 人사람 인)
몸이 엄청나게 큰 사람

■ **거구**(巨 軀몸 구)
거대한 몸

■ **거부**(巨 富부유할 부)
큰 부자

■ **거창**(巨 創비롯할 창)**하다**
매우 크고 넓다

■ **거물**(巨 物물건/사람 물)
매우 큰 물건 / 사회적으로 영향력이 큰 인물

크고 많음을 뜻하는 대(大)

위대하다는 '크다'라는 뜻을 지닌 '위(偉)'와 '대(大)', 두 한자가 이어진 말로, 능력이나 업적 등이 뛰어나고 훌륭하다는 뜻이에요.

으악! **거인**이 쫓아온다!

이렇게 말 그대로 '큰' 낱말들을 살펴볼까요?

큰 다리는 ☐교, 큰 난리는 ☐란, 큰 육지는 ☐륙, 큰 세력은 ☐세예요.

사람들에게 큰 영향을 미치는 물건이나 사람을 가리킬 때에 대세라는 말을 쓰기도 해요. 요즈음 대세는 누구인가요?

'대'가 들어가 큰 사람, 큰일을 뜻하는 낱말도 있어요.

대신은 큰 신하, 즉 장관을 뜻해요.

집안에 대사가 있으면 친척들이 많이 모이죠? 큰일을 뜻하는 대사도 '대'로 시작해요. 대사가 있으면 공부를 안 해도 엄마께서 관대하시죠? 관대하다는 마음이 너그럽고 크다는 뜻이에요.

사대부를 한자로 풀어 쓰면 선비로서 큰 남자라는 뜻인데, 옛날에 벼슬이 높은 집안의 사람을 말해요.

'대'와 뜻이 같은 '위'가 붙으면 능력이나 업적 등이 뛰어나고 훌륭하다는 뜻이 된답니다.

위대하고 큰 힘은 위력, 위대한 업적은 위업, 위대하고 훌륭한 용모는 위용이에요.

- **위대(偉**클 위 **大)하다**
  뛰어나고 훌륭하다
- **대교(大 橋**다리 교**)**
  큰 다리
- **대란(大 亂**어지러울 란**)**
  큰 난리
- **대륙(大 陸**육지 륙**)**
  큰 육지
- **대세(大 勢**형세 세**)**
  큰 세력
- **대신(大 臣**신하 신**)**
  큰 신하 / 장관
- **대사(大 事**일 사**)**
  큰일
- **관대(寬**너그러울 관 **大)하다**
  마음이 너그럽고 크다
- **사대부(士**선비 사 **大 夫**사내 부**)**
  벼슬이 높은 집안의 사람
- **위력(偉 力**힘 력**)**
  위대하고 큰 힘
- **위업(偉 業**업 업**)**
  위대한 업적
- **위용(偉 容**얼굴 용**)**
  위대하고 훌륭한 용모

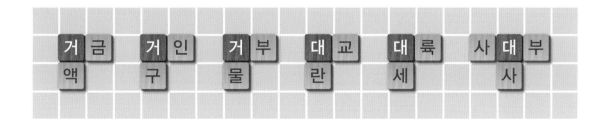

| 거 | 금 | 거 | 인 | 거 | 부 | 대 | 교 | 대 | 륙 | 사 | 대 | 부 |
| 액 | | 구 | | 물 | | 란 | | 세 | | 사 | | |

1 공통으로 들어갈 낱말을 쓰세요.

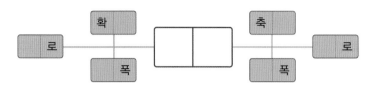

확
로 — [ ][ ] — **로**
폭

(로 — 확/폭 — [ ][ ] — 축/폭 — 로)

2 주어진 낱말을 넣어 문장을 완성하세요.

1)

대	단	위
규		
모		

여럿으로 나눈 큰 단위는 □□□, 범위나 크기가 큰 것은 □□□ 야.

2)

	극	
최	대	한
	화	

가능한 한 가장 많이는 □□□, 아주 크게 하는 것은 □□□ 야.

3)

소	단	위
규		
모		

여럿으로 나눈 작은 단위는 □□□, 범위나 크기가 작은 것은 □□□ 야.

3 문장에 어울리는 낱말을 골라 ○표 하세요.

1) 이번 달 용돈이 (대폭 / 대단위) 깎여서 힘들어요.

2) 이 책을 읽기 전에 (대략 / 소략)의 내용을 말해 줄게.

3) 5학년 3반 학생 (대체적 / 대부분)이 회의에 참석하였습니다.

4 짝 지은 낱말의 관계가 [보기]와 <u>다른</u> 것을 고르세요. (   )

보기	축소 – 확대

① 대소 – 대로   ② 최대한 – 최소한   ③ 극대화 – 극소화

④ 대규모 – 소규모   ⑤ 대단위 – 소단위

대소
확대
축소
대단위
소단위
대규모
소규모
대로
최대한
극대화
소로
최소한
극소화
대폭
소폭
대략
대체적
대부분

1 공통으로 들어갈 낱말을 쓰세요.

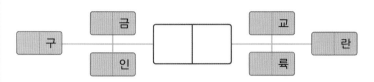

거대
거금
거액
거인
거구
거부
거창하다
거물
위대하다
대교
대란
대륙
대세
대신
대사
관대하다
사대부
위력
위업
위용

2 주어진 낱말을 넣어 문장을 완성하세요.

1) | 거 | 부 |
   | 액 | |

   큰 부자는 ☐☐, 아주 큰 액수의 돈은 ☐☐이다.

2) | 거 | 인 |
   | 구 | |

   몸이 엄청나게 큰 사람은 ☐☐, 거대한 몸은 ☐
   ☐야.

3) | 대 | 륙 |
   | 세 | |

   큰 육지는 ☐☐, 큰 세력은 ☐☐야.

3 문장에 어울리는 낱말을 골라 ○표 하세요.

1) 그녀는 사업에 크게 성공해서 (거부 / 거구)가 되었어요.

2) 영화를 만드는 데에 뛰어난 재능이 있었던 그는 영화계의 (거인 / 거물)
   이 되었다.

3) 우리 팀은 상대 팀을 이기기 위해 (위용 / 위력)을 발휘하였다.

4 밑줄 친 낱말에서 '거'의 뜻이 <u>다른</u> 것을 고르세요. (   )

① 앗, <u>거인</u>이 나타났다!

② 그 건물은 정말 <u>거대</u>하였다.

③ 친구 생일 선물을 사는 데에 <u>거금</u>을 썼다.

④ <u>거란</u>이 우리나라에 물밀 듯이 쳐들어왔다.

⑤ <u>거구</u>인 아저씨가 내 앞에 버티고 있어서 아무것도 보이지 않아.

시끄러운 소음은 소음

시끄러운 소음

겹쳐서 잘못 쓰이는 말

으악! 도시의 시끄러운 **소음**!

"아이, 징밀! 시끄러운 소음 때문에 못 살겠어."

소음은 시끄러운 소리예요. 한자 '소'는 '시끄럽다', '떠들썩하다'라는 뜻을 지니고 있어요. 이미 소음에 시끄럽다는 뜻이 있는데 그 앞에 '시끄러운'이라는 말을 겹쳐 쓴 것이에요.

'떠들썩한 소란'도 같은 경우예요. 우리말에는 이렇게 같은 뜻의 말을 겹쳐서 잘못 쓰이는 말이 있답니다.

뜻을 풀이해 주는 말을 겹쳐서 잘못 쓰이는 말

우리나라의 명산에는 어떤 산들이 있을까요? 명산은 이름난 산이에요. 명산만으로도 그 뜻이 충분히 전달되는데 명산 앞에 '이름난'을 겹쳐 쓰는 경우가 있어요. '이름난 명산'은 잘못 쓰이는 말이랍니다.

산에 오르려면 튼튼한 등산화를 신고 바람이 잘 통하는 옷을 입어요. 이렇게 물건은 용도에 따라 여러 가지가 있지요.

'쓰이는 곳'이라는 뜻의 '용도'에 '쓰이는'이라는 말을 겹쳐 쓰면 안 되겠죠?

'조금 전'이라는 뜻의 '아까'에 '전'을 붙여 "아까 전에 내가 분명

騷	音
시끄러울 소	소리 음
시끄러운 소리	

■ **소란**(騷 亂 어지러울 란)
시끄럽고 어수선한 것

■ **명산**(名 이름 명 山 뫼 산)
이름난 산

■ **용도**(用 쓸 용 途 길 도)
쓰이는 곳이나 길

■ **아까**
조금 전

54

히 말했잖아."라는 말도 마찬가지예요.

어린 남자아이인 '소년'에 '어린'을 겹쳐 쓴 어린 소년,

젊은 남자인 '청년'에 '젊은'을 겹쳐 쓴 젊은 청년,

지나친 욕심인 '과욕'에 '지나친'을 겹쳐 쓴 지나친 과욕,

죽은 사람의 몸인 '시체'에 '죽은'을 겹쳐 쓴 죽은 시체는 모두 잘못된 표현이에요. 소년, 청년, 과욕, 시체라고만 말해도 그 뜻이 다 전달된답니다.

한자어에 같은 뜻의 우리말을 겹쳐서 잘못 쓰이는 말

예전부터 전철이나 기차역 앞은 약속 장소로 자주 이용되곤 했어요. 역의 앞을 역전이라고 해요. '역전'이라는 말 자체가 '역의 앞'이라는 뜻인데 끝에 '앞'이라는 우리말

을 겹쳐서 역전 앞이라고 말하곤 해요. 이런 말은 잘못된 표현이지요.

시월 달은 어떤가요? 월(月)은 '달'을 뜻하는 한자인데 끝에 우리말 '달'을 겹쳐 썼어요.

황토 흙도 그래요. '누런 흙'이라는 뜻의 '황토'에 '흙'이라는 말을 겹쳐 썼어요.

어때요? 겹쳐서 잘못 쓰이는 말을 알았으니까 이제 올바르게 말할 수 있겠죠?

■ 소년(少어릴 소 年나이 년)
어린 남자아이

■ 청년(靑젊을 청 年)
젊은 남자

■ 과욕(過지날 과 慾욕심 욕)
지나친 욕심

■ 시체(屍주검 시 體몸 체)
죽은 사람의 몸

■ 역전(驛역 역 前앞 전)
역의 앞

■ 시월(十열 십 月달 월)
한 해 가운데 열째 달

■ 황토(黃누를 황 土흙 토)
누런 흙

이름난	쓰이는	어린	젊은	지나친	죽은
명산	용도	소년	청년	과욕	시체

낱말밭 어휘관계

자, 입을 모아 보자

입을 모으다

관용어

우리 입을 모아 보자.

부끄럽게 입을 왜 모아?

그게 아니라 의견을 모으자고!

헤헤...

입을 어떻게 모아요? 입을 오므려서 '오' 하라고요? 아니에요. 여기에서 '입'은 '의견'을 뜻해요. '입을 모으다'는 여러 사람이 의견을 같게 한다는 뜻이에요.

또 우리만의 비밀을 들키지 않으려면 서로 입을 맞춰야 해요. 입을 맞추다에서 입은 '말'이라는 뜻이에요. 그러니 서로의 말을 일치시킨다는 뜻이지요.

입이나 말이 들어가는 낱말

"넌 왜 그렇게 입이 짧니?"는 어른들이 아이에게 흔히 하시는 말씀으로, '입이 짧다'는 음식을 가리거나 적게 먹는다는 뜻이에요.

"음식을 맛있게 만들어 주시면 많이 먹을 텐데." 이렇게 말했다가는 입만 살았다는 말을 듣게 될 거예요. '입만 살다'는 말만 그럴듯하게 잘한다는 뜻이에요.

입에 꿀을 바른 말을 들으면 기분이 좋아요. 입에 달콤한 꿀을 직접 바르고 한 말이 아니라 듣기 좋은 말이라는 뜻이지요.

하지만 말도 안 되는 소리를 들으면 어이가 없거나 화가 나요.

입을 모으다
여러 사람이 의견을 같게 하다

입을 맞추다
서로의 말을 일치시키다

입이 짧다
음식을 가리거나 적게 먹다

입만 살다
말만 그럴듯하게 잘하다

입에 꿀을 바른 말
듣기 좋은 말

말도 안 되다
이치에 맞지 않는다

이치에 맞지 않아 전혀 믿을 수 없는 말을 하니까 그렇지요.
'말을 돌리다'라는 말도 있어요. 어떤 이야기를 이 사람 저 사람에게 옮기는 것을 말하죠. 또 화제를 바꾸어 다른 이야기를 꺼내는 것을 뜻하기도 해요.
'마음에 없다'는 무엇을 하거나 갖고 싶은 생각이 전혀 없다는 것이고요.

진짜로 먹으라는 게 아니야

더운 여름, 수박의 딱딱한 겉껍질만 핥고 있다면 어떨까요? 수박이 얼마나 맛있는지 알 수 없겠지요? 이렇게 속 내용을 모르고 겉만 건드리는 것을 수박 겉핥기라고 해요.
수박은 더위 먹었을 때에 열을 식혀 주는 좋은 과일이에요. 그런데 더위를 먹다니요? 여름철에 더위로 몸이 아플 때 '더위를 먹다'라는 말을 써요. '더위'와 '먹다'가 만나 전혀 다른 뜻의 말이 되었네요.
다른 사람의 눈치를 볼 때는 하고 싶은 말을 하기 힘들어요. 그래서 하려던 말을 하지 않고 꿀꺽 말을 삼키기도 해요.
"매운맛을 보여 주겠어!" 여기에서 매운맛은 맛이 아니라 느낌이나 기분을 뜻해요. 누군가가 자신을 무시할 때, 또는 아직 뭐가 뭔지 잘 모를 때에 정신이 번쩍 들게 해 준다는 말이지요.

말을 돌리다
말을 이 사람 저 사람에게 옮기다 / 화제를 바꾸어 다른 이야기를 꺼내다

마음에 없다
무엇을 하거나 갖고 싶은 생각이 전혀 없다

수박 겉핥기
속 내용을 모르고 겉만 건드리는 것

더위를 먹다
더위 때문에 몸이 아프다

말을 삼키다
하려고 했던 말을 안 하다

매운맛을 보여 주다
정신이 번쩍 들게 해 주다

입을맞추다   입이짧다   입에꿀을바른말

말도안되다   수박겉핥기   더위를먹다

1 [보기]와 같이 뜻이 같은 말을 겹쳐 써서 잘못 쓰이는 말을 바르게 고치세요.

보기 | 떠들썩한 **소 란** → 소란

시끄러운 **소 음** → ☐☐

2 주어진 낱말을 넣어 문장을 완성하세요.

1) 쓰이는 **용 도**
'쓰이는 용도'는 ☐☐☐ 을 빼고 ☐☐ 로 바꿔 써요.

2) 어린 **소 년**
'어린 소년'은 ☐☐ 을 빼고 ☐☐ 만 써요.

3) 젊은 **청 년**
'젊은 청년'은 ☐☐ 을 빼고 ☐☐ 이라고 써야 바른 말이에요.

3 문장에 어울리는 낱말을 골라 ○표 하세요.

1) 너희 마을에는 (이름난 명산 / 명산)이 있어?

2) (아까 전 / 아까)(에) 내가 주었잖아.

3) 우리 주말에 (역전 / 역전 앞)에서 만날까?

4 다음 밑줄 친 낱말이 바르게 쓰인 것을 고르세요. (   )

① 시월 달에는 내 생일이 있어.

② 황토 흙으로 마사지를 하면 피부가 좋아진대.

③ 죽은 시체가 많이 나오는 공포 영화는 무서워.

④ 교실이 한 순간 소란스러워졌어.

⑤ 젊은 청년이 예의가 바르군.

소음

소란

명산

용도

아까

소년

청년

과욕

시체

역전

시월

황토

낱말밭 블록 맞추기

입 을 모 으 다

① 다음과 같은 상황에서 쓰는 관용어를 쓰세요.

1) 여러 사람이 의견을 같게 할 때 → ☐☐☐☐☐

2) 서로의 말을 일치시킬 때 → ☐☐☐☐☐

② 어떤 관용어인지 [보기]에서 찾아 쓰세요.

보기	입 만 살 다		입 이 짧 다
	말 도 안 되 다		입 에 꿀 을 바 른 말

1) 음식을 가리거나 적게 먹을 때 쓰는 관용어는 ☐☐ ☐☐

2) 말만 그럴듯하게 잘할 때 쓰는 관용어는 ☐☐☐

3) 듣기 좋은 말을 나타내는 관용어는 ☐☐ ☐☐ ☐☐ ☐

4) 이치에 맞지 않을 때 쓰는 관용어는 ☐☐ ☐ ☐☐

③ 문장에 어울리는 낱말을 골라 ○표 하세요.

1) 진짜 생각이 뭔데? (마음에 없는 말 / 입이 짧은 말)은 하지도 마!

2) 이렇게 (말을 삼키는 / 수박 겉핥기) 식으로 읽었다가는 아무것도 기억나지 않을걸?

3) 감히 나를 무시했겠다? (매운맛을 보여 주겠어 / 더위를 먹게 해 주겠어)!

④ 짝 지은 낱말의 관계가 바르지 <u>않은</u> 것을 고르세요. ( )

① 입을 – 모으다   ② 입을 – 맞추다

③ 말을 – 돌리다   ④ 더위를 – 삼키다

⑤ 마음에 – 없다

입을 모으다

입을 맞추다

입이 짧다

입만 살다

입에 꿀을 바른 말

말도 안 되다

말을 돌리다

마음에 없다

수박 겉핥기

더위를 먹다

말을 삼키다

매운맛을 보여 주다

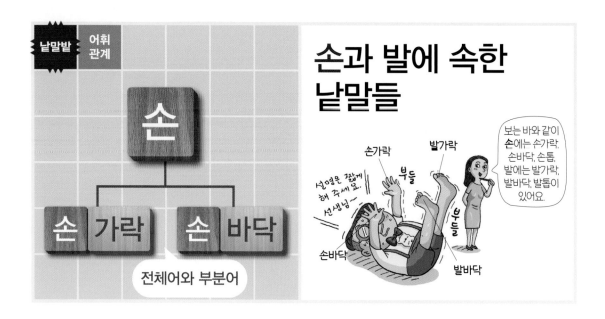

손과 발에 속한 낱말들

보는 바와 같이 **손**에는 손가락, 손바닥, 손톱, 발에는 발가락, 발바닥, 발톱이 있어요.

손가락 발가락
손바닥 발바닥

전체어와 부분어

손과 발은 우리 몸의 중요한 부분이에요. 낱말에 '손'과 '발'을 넣으면 몸의 부분이나 움직임을 자세하고 재미있게 나타내는 말도 되고, 여러 가지 물건을 표현하는 말도 돼요.

손과 관련된 낱말들

'손'을 붙여 손과 관련된 몸의 부분을 자세히 나타내는 말을 만들수 있어요.

자, 손바닥을 쫙 펼쳐 보세요. 손끝에 힘을 꽉 주고요. 손금이 보이죠?

오른손을 먼저 봤으니 이번에는 왼손을 보세요. 손가락이나 손톱 등의 생김새도 눈여겨봐요. 이젠 손등도 볼까요? 손목도 한번 잡아 보세요. '손'을 넣어 물건이나 손의 움직임을 나타내는 말을 만들어 볼까요?

한 친구가 영화를 보려고 기다리고 있는 친구에게 손짓하네요. 슬픈 영화를 보면서 울었어요. 손거울로 얼굴을 보니 눈물 자국이 있네요. 옆자리에 앉은 어린아이가 고사리손으로 손수건을 빌려줬어요. 친구가 운다고 놀려서, 아니라며 손을 휘저어 손사

손

사람의 팔 끝 부위

- 손바닥 손가락
- 손끝 손톱
- 손금 손등
- 오른손 손목
- 왼손 손짓
- **손거울**
  들고 다니기 편하게 만든 작은 거울
- **고사리손**
  어린아이의 손
- **손수건**(手손 수 巾 헝겊 건)
  가지고 다니며 쓰는 작은 수건
- **손사래**
  아니라며 손을 휘젓는 일
- **손뼉**
  손바닥과 손가락을 합친 바닥

래를 쳤어요. 신나는 영화였다면 손뼉을 쳤을 거예요. 다음번에도 영화를 보기로 손도장을 꾹 찍어 약속했지요.

> **손도장**(圖그림 도 章도장 장)
> 도장 대신 손가락 지문을 찍은 것

발과 관련된 낱말들

'발'을 붙이면 발과 관련된 몸의 부분을 나타내는 말이 돼요. 발목이 너무 굵어서 걱정인 친구 있나요? 발끝으로 서서 발뒤꿈치를 들어 주는 운동을 하면 좋대요. 발톱

은 늘 깨끗이 깎아 단정하게 유지해야 하고요. 발이 피곤할 때에는 발가락을 쭉쭉 펴 주면서 발등과 발바닥을 살살 주물러 주면 피로가 풀리죠. 퇴근하고 돌아오신 부모님께 해 드리세요.

눈 오는 날, 새하얀 눈 위를 걸어 보세요. 오른발, 왼발, 뽀드득 뽀드득…. 내 발자국이 찍혔어요. '발'을 붙이면 발의 움직임이나 발의 종류를 나타내는 말도 돼요.

두 발을 가지런히 모아 붙여 모둠발을 해 보세요. 발바닥이 마당처럼 평평한 마당발이라면 걸을 때에 쉽게 지칠 수 있어요. 아는 사람이 많은 사람을 마당발이라고도 해요.

길을 걸을 때에 한눈팔면 안 돼요. 헛발을 디뎌 넘어질 수 있거든요. 앞발, 뒷발 차례대로 내밀어 봐요. 길을 걸을 때에 버려진 깡통을 발로 차면 안 돼요. 차 놓고 안 찼다고 오리발을 내미는 것은 더 나쁘겠죠?

> # 발
> 사람이나 동물의 다리 끝 부위
>
> - **발목**   - **발끝**
> - **발뒤꿈치**   - **발톱**
> - **발가락**   - **발등**
> - **발바닥**   - **오른발**
> - **왼발**
> - **발자국**
> 발로 밟은 자리에 남은 자국
> - **모둠발**
> 가지런히 모아 붙인 두 발
> - **마당발**
> 발바닥이 마당처럼 평평한 발,
> 아는 사람이 많은 사람
> - **헛발**
> 잘못 디딘 발
> - **앞발**
> 앞으로 내어 디딘 발
> - **뒷발**
> 뒤쪽에 놓인 발
> - **오리발**
> 한 일을 안 했다고 하는 것

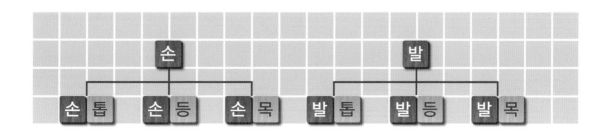

낱말밭 어휘관계

죽마고우

사자성어

누가 나의 죽마고우가 될까?

우리는 대나무 말을 타며 노는 친구!

이러다가 **죽마고우**가 되지!

이랴 이랴

하하하

죽마고우라는 말을 알고 있나요?

죽마는 대 죽(竹), 말 마(馬)로 대나무 말이에요. 고우는 옛 고(故), 벗 우(友)로 옛 친구이고요. 그래서 죽마고우란 대나무 말을 타고 놀던 옛 친구라는 뜻이 돼요. 즉, 어릴 때부터 가까이 지내며 함께 자란 친구를 이르는 말이에요.

마음을 표현하는 사자성어

매우 사랑하고 소중히 여긴다는 뜻의 애지중지처럼 마음을 표현하는 사자성어도 많이 있어요.

혹시 단짝 친구와 이심전심 학원을 빼먹을 생각을 한 적 있나요?

이렇게 물으면 여러분은 아니라고 이구동성으로 외치겠죠?

이심전심은 마음과 마음으로 서로 뜻이 통하는 것,

이구동성은 입은 다르지만 목소리는 같은 것을 말해요.

학교 수업이 얼른 끝나기만을 기다린다고요?

이렇게 무엇인가를 간절히 기다리는 것을 학수고대라고 해요.

학의 목처럼 목을 길게 빼고 기다린다는 뜻이지요.

竹 대나무 죽　馬 말 마　古 옛 고　友 벗 우

어릴 때부터 같이 놀던 친구

■ **애지중지**(愛 사랑 애 之 그것 지 重 무거울 중 之 그것 지)

매우 사랑하고 소중히 여기는 것

■ **이심전심**(以 써 이 心 마음 심 傳 전할 전 心)

마음과 마음으로 서로 뜻이 통하는 것

■ **이구동성**(異 다를 이 口 입 구 同 한가지 동 聲 소리 성)

입은 다르지만 목소리는 같은 것

■ **학수고대**(鶴 학 학 首 머리 수 苦 괴로울 고 待 기다릴 대)

학의 목처럼 목을 길게 빼고 간절히 기다리는 것

친구 집에 놀러 갔는데 친구 어머니께서 다정다감하게 대해 주시네요. 다정다감은 정이 많고 감정이 풍부하다는 말이에요. 사실 맛있는 간식을 많이 주셔서 더 좋았다는 것은 비밀!

상황을 표현하는 사자성어

마음이 아니라 상황을 표현하는 사자성어도 있어요. 천고마비는 하늘이 높고 말이 살찐다는 뜻이에요. 즉 하늘이 맑아서 높고 푸르게 보이고 여러 가지 곡식이 익는 가을을 가리키는 말이지요.

다다익선은 많으면 많을수록 더욱 좋다는 뜻이고요.

금시초문은 바로 지금 처음으로 들었다는 말이에요.

대기만성은 큰 그릇을 만드는 데는 시간이 오래 걸린다는 뜻으로, 크게 될 사람은 늦게 이루어진다는 말이에요.

전화위복은 화가 바뀌어 오히려 복이 된다는 뜻이에요.

외유내강은 겉은 부드럽고 속으로는 굳세다는 뜻으로, 겉으로는 연약하지만 심지가 굳은 사람을 가리킬 때 쓰는 말이에요.

고진감래는 쓴 것이 다하면 단 것이 온다는 뜻으로, 고생(苦生) 끝에 낙이 온다는 말이에요.

혹시 '인생사 새옹지마'라는 말을 들어 본 적 있나요? 새옹지마는 세상의 모든 일은 변화가 많아서 알 수 없다는 말이에요.

■ **다정다감**(多 많을 다 情 뜻 정 多 感 느낄 감)
정이 많고 감정이 풍부한 것

■ **천고마비**(天 하늘 천 高 높을 고 馬 肥 살찔 비)
하늘이 높고 말이 살찌는 것

■ **다다익선**(多多 益 더할 익 善 좋을 선)
많으면 많을수록 더욱 좋은 것

■ **금시초문**(今 이제 금 始 비로소 시 初 처음 초 聞 들을 문)
바로 지금 처음으로 듣는 것

■ **대기만성**(大 클 대 器 그릇 기 晩 늦을 만 成 이룰 성)
큰 그릇을 만드는 데는 시간이 오래 걸리는 것

■ **전화위복**(轉 바뀔 전 禍 재앙 화 爲 될 위 福 복 복)
화가 바뀌어 오히려 복이 되는 것

■ **외유내강**(外 바깥 외 柔 부드러울 유 內 안 내 剛 굳셀 강)
겉은 부드럽고 속으로는 굳센 것

■ **고진감래**(苦 쓸 고 盡 다할 진 甘 달 감 來 올 래)
쓴 것이 다하면 단 것이 오는 것

■ **새옹지마**(塞 변방 새 翁 늙은이 옹 之馬)
세상의 모든 일은 변화가 많아서 알 수 없다는 것

낱말밭
블록 맞추기

1 [보기]의 낱말을 포함하는 전체어를 쓰세요.

보기

| 손 끝 | 왼 손 | 손 등 |
| 손 금 | 손 톱 | 손 목 |

→ [ ]

2 다음 문장을 완성하세요.

1) 낱말에 '손'을 붙여 [ ]등, [ ]톱, [ ]목과 같이 [ ]과 관련된

몸의 부분을 자세히 나타내는 말을 만들 수 있다.

2) 낱말에 '발'을 붙여 [ ]등, [ ]톱, 왼[ ]과 같이 [ ]과 관련된

몸의 부분을 자세히 나타내는 말을 만들 수 있다.

3 문장에 어울리는 낱말을 골라 ○표 하세요.

1) 어린아이들이 (손사래 / 고사리손)(으)로 피아노를 치는 모습이 정말 귀

여워요.

2) 아주머니는 그릇을 떨어뜨린 사람은 자신이 아니라며 (손사래 / 손짓)을

(를) 쳤어요.

3) 자, 모두 (모둠발 / 마당발)을 하고 여기를 보세요.

4) 우리 아버지는 마을에서 알아주는 (마당발 / 헛발)이에요.

5) (오리발 / 헛발) 내밀지 마! 네가 범인이라는 걸 알고 있다고!

4 짝 지은 낱말의 관계가 바르지 <u>않은</u> 것을 고르세요. ( )

① 손 – 수건   ② 발 – 가락   ③ 손 – 거울

④ 발 – 뒤꿈치   ⑤ 고사리 – 발

| 손 |
| 손바닥 |
| 오른손 / 왼손 |
| 손가락 |
| 손톱 |
| 손등 |
| 손목 |
| 손짓 |
| 손거울 |
| 고사리손 |
| 손수건 |
| 손사래 |
| 발 |
| 발뒤꿈치 |
| 발톱 |
| 발가락 |
| 발등 |
| 오른발 / 왼발 |
| 발자국 |
| 모둠발 |
| 마당발 |
| 헛발 |
| 앞발/뒷발 |
| 오리발 |

1 다음 설명이 뜻하는 사자성어를 쓰세요.

대나무 말을 타고 놀던 옛 친구라는
뜻으로, 어릴 때부터 가까이 지내며 → ☐☐☐☐
함께 자란 친구를 이르는 말

2 [보기]에서 알맞은 사자성어를 찾아 쓰세요.

> **보기**　　고진감래　　학수고대　　대기만성

1) 학의 목처럼 목을 길게 빼고 간절히 기다리는 것을 ☐☐☐☐

라고 해.

2) 큰 그릇을 만드는 데는 시간이 오래 걸린다는 뜻으로, 크게 될 사람은

늦게 이루어진다고 해서 ☐☐☐☐ 이라고 해.

3) 쓴 것이 다하면 단 것이 온다는 뜻으로, ☐☐☐☐ 는 고생 끝

에 낙이 온다는 뜻이야.

3 문장에 어울리는 낱말을 골라 ○표 하세요.

1) 나는 화분에 꽃을 심고 (애지중지 / 천고마비) 정성껏 길렀다.

2) 우리는 말을 안 해도 (이심전심 / 학수고대) 통하는 사이다.

3) 모든 마을 사람들이 그 아이를 (금시초문 / 이구동성)으로 칭찬하였다.

4 다음 중 밑줄 친 낱말이 잘못 쓰인 것을 고르세요. (　　)

① 지현이가 전학을 간다고? 나는 금시초문인걸?

② 겨울이 지나고 꽃이 피는 천고마비의 계절이 왔어!

③ 얼마 전 태어난 막내를 할머니께서 아주 애지중지하셔.

④ 아이들이 이구동성으로 무서운 이야기를 해 달라고 졸랐어.

죽마고우
애지중지
이심전심
이구동성
학수고대
다정다감
천고마비
다다익선
금시초문
대기만성
전화위복
외유내강
고진감래
새옹지마

육군, 해군, 공군은 육해공군

줄여도 같은 말

육해공군이라는 말을 들어보셨나요? 육해공군은 육군, 해군, 공군을 아울러 이르는 말이에요. 육군은 주로 땅에서 공격과 방어를 하는 군대, 해군은 주로 바다에서 공격과 방어를 하는 군대, 공군은 주로 공중에서 공격과 방어를 하는 군대예요. 요즘은 먹을거리에 육해공이란 말을 넣어 고기류, 해산물류, 조류를 아울러 이르기도 한답니다.

앞 글자만 써서 줄이는 낱말

세상의 방위는 동쪽, 서쪽, 남쪽, 북쪽, 네 군데로 나누어져 있어요. 네 가지 방위를 기본으로 북서쪽과 남동쪽 등 더 자세한 방위를 나타내기도 하지요.

동쪽, 서쪽, 남쪽, 북쪽의 앞 글자를 써서 줄여 동서남북이라고 하면, 세상의 모든 방향을 일컫는 말이 돼요. 그래서 "동서남북을 헤매었다."라고 하면 안 가본 데 없이 온 세상을 헤매었다는 말이 돼죠.

각 계절을 가리킬 때에 춘기(춘계), 하기(하계), 추기(추계), 동기(동계)라고 해요. 각각 봄의 시기, 여름의 시기, 가을의 시

육해공군

육군, 해군, 공군을 아울러 이르는 말

- **육군**(陸물 육 軍군사 군)
  주로 땅에서 공격과 방어를 하는 군대
- **해군**(海바다 해 軍)
  주로 바다에서 공격과 방어를 하는 군대
- **공군**(空공중 공 軍)
  주로 공중에서 공격과 방어를 하는 군대
- **동서남북**(東동녘 동 西서녘 서 南남녘 남 北북녘 북)
  동쪽, 서쪽, 남쪽, 북쪽의 줄임말, 세상의 모든 방향

기, 겨울의 시기란 뜻이죠. 이 봄, 여름, 가을, 겨울을 나타내는 낱말의 앞 글자를 써서 춘하추동이라고 해요. 춘하추동이란 봄·여름·가을·겨울의 네 계절을 뜻합니다. 비슷한 뜻의 말로 사계절도 있어요.

여러 단어를 통틀어 나타내는 말

줄여서 쓰는 말도 있지만, 통틀어 쓰는 말도 있어요.

오감은 시각, 청각, 미각, 촉각, 후각을 통틀어 나타내는 말로, 사람의 다섯 가지 감각을 말해요.

각(覺)은 깨닫는다는 뜻으로 감각을 말해요. 즉 느끼고 깨닫는 것이에요.

시각은 눈으로 보고 느끼는 감각,

청각은 귀로 듣고 느끼는 감각,

미각은 혀로 맛보고 느끼는 감각,

촉각은 살갗에 닿아서 느끼는 감각,

후각은 코로 냄새를 맡고 느끼는 감각이에요.

오장은 심장, 간(장), 폐(장), 신장, 비장을 나타내는 말로, 다섯 가지 내장이지요. 여기서 장은 내장 기관을 말해요.

춘하추동(春봄 춘 夏여름 하 秋가을 추 冬겨울 동)
봄·여름·가을·겨울의 네 계절
= 사계절

오감(五다섯 오 感느낄 감)
시각, 청각, 미각, 촉각, 후각을 통틀어 나타내는 말 / 사람의 다섯 가지 감각

시각(視볼 시 覺깨달을 각)
눈으로 보고 느끼는 감각

청각(聽들을 청 覺)
귀로 듣고 느끼는 감각

미각(味맛 미 覺)
혀로 맛보고 느끼는 감각

촉각(觸닿을 촉 覺)
살갗에 닿아서 느끼는 감각

후각(嗅맡을 후 覺)
코로 냄새 맡고 느끼는 감각

오장(五다섯 오 臟내장 장)
심장, 간장, 폐장, 신장, 비장을 나타내는 말 / 다섯 가지 내장

동쪽		동	춘계		춘	시각		오	심장		오
서쪽	=	서	하계	=	하	청각	=	감	간장	=	장
남쪽		남	추계		추	미각			폐장		
북쪽		북	동계		동	촉각			신장		
						후각			비장		

기사가 나오는 신문 기사

기사 騎士 ≠ 기사 記事

동음이의어

여기 인터넷 **기사**를 좀 봐! 아직 스페인에는 중세 **기사**로 사는 사람이 있대!

뭐? 백마탄 **기사**가 나타났다고?

신문에 중세 기사로 살아가는 사람의 기사가 실렸어요. 이때 첫 번째 기사는 말탈 기(騎), 선비 사(士)로 말을 타고 싸우는 무사를 말해요. 두 번째 기사는 기록할 기(記), 일 사(事)로 어떠한 일을 기록한다는 뜻을 지녀, 신문이나 잡지 등에 싣는 새로운 소식이나 사실을 알리는 글을 말해요.

'경'으로 시작하는 동음이의어

나누어진 곳이 서로 만나게 되는 자리를 지경 경(境)과 지경 계(界)를 써서 경계라고 해요.

"경계를 늦추지 마라."에서의 경계는 경계할 경(警), 경계할 계(戒)를 써서 일이 잘못되지 않게 미리 다잡고 조심하는 것을 말하지요.

겨룰 경(競)과 재주 기(技)가 만나 만들어진 경기는 운동이나 기술 등에서, 기량과 기술을 겨룬다는 뜻이에요.

여러 가지 경제의 상태를 뜻하는 경기는 볕 경(景)과 기운 기(氣)를 써요.

또 기울어 비스듬한 것을 말하는 경사(傾斜)와 기쁜 일을 말하

騎	士
말탈 기	선비 사
말을 타고 싸우는 무사	

■ **기사**(記기록할 기 事일 사)
신문이나 잡지 등에 싣는 새로운 소식이나 사실을 알리는 글

■ **경계**(境지경 경 界지경 계)
나눠진 곳이 서로 만나게 되는 자리

■ **경계**(警경계할 경 戒경계할 계)
일이 잘못되지 않게 미리 다잡고 조심하는 것

■ **경기**(競겨룰 경 技재주 기)
운동이나 기술 등에서, 기량과 기술을 겨루는 것

■ **경기**(景볕 경 氣기운 기)
여러 가지 경제의 상태

는 경사(慶事)도 동음이의어예요.

같은 듯 다른 듯 아리송한 낱말들

빈칸을 채우며 동음이의어를 더 살
펴볼까요?

공작 시간에 ☐☐새를 만들다.

관리가 나와 농산물 품질 ☐☐를 하다.

신년에는 구조대에도 ☐☐ 조정이 있다.

기계나 공구 등을 가지고 물건을 만드는 것도 공작(工作), 새
이름도 공작(孔雀)이지요.
관직에 있는 공무원은 관리(官吏)라고 하죠? 어떤 일을 맡아 처
리하거나 시설이나 물건을 살피는 것도 관리(管理)예요.
곤란한 상황에서 구원하고 돕는 것도 구조(救助), 부분이나 요
소가 어떤 선제를 짜서 이룬 뼈대도 구조(構造)이시요.
"과장님은 과장도 심하셔!"
'과장님'의 과(課)는 총무과, 회계과 등 업무를 나눌 때에 쓰는
말이에요. 장(長)은 그곳의 가장 어른을 뜻하는 말이고요. 그래
서 과장(課長)은 관청이나 회사에서 과를 책임지는 사람이 되는
거죠.
'과장도 심하셔'에서 과장(誇張)은 자랑할 과(誇), 크게 할 장
(張)으로, 사실보다 지나치게 부풀린다는 말이에요.

경사(傾기울 경 斜비낄 사)
기울어 비스듬한 것
경사(慶기뻐할 경 事일 사)
기쁜 일
공작(工만들 공 作만들 작)
무엇을 만드는 것
공작(孔공작 공 雀참새 작)
공작새
관리(官관리 관 吏벼슬아치 리)
관직에 있는 공무원
관리(管피리 관 理다스릴 리)
어떤 일을 맡아 처리하거나 시
설이나 물건을 살피는 것
구조(救구할 구 助도울 조)
곤란한 상황에서 구원하고 돕는
것
구조(構얽을 구 造지을 조)
부분이나 요소가 어떤 전체를
싸서 이룬 뼈대
과장(課부서 과 長어른 장)
과를 책임지는 사람
과장(誇자랑할 과 張크게 할 장)
사실보다 지나치게 부풀리는
것

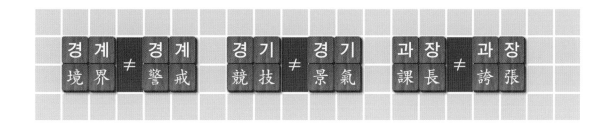

1 [보기]와 같이 줄여도 같은 말이 되도록 낱말을 쓰세요.

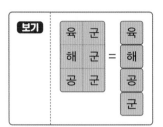

육해공군
육군
해군
공군
동서남북
춘하추동
사계절
오감
시각
청각
미각
촉각
후각
오장

2 주어진 낱말을 넣어 문장을 완성하세요.

1)

봄의 시기, 여름의 시기, 가을의 시기, 겨울의 시기를 뜻하는 춘계, 하계, 추계, 동계의 앞 글자를 써서 □□□□이라고 해.

2)

사람의 다섯 가지 감각인 시각, 청각, 미각, 촉각, 후각을 통틀어 □□이라고 해.

3 문장에 어울리는 낱말을 골라 ○표 하세요.

1) 코로 냄새를 맡는 감각은 (청각 / 후각)이야.

2) 심장, 간장, 폐장, 신장, 비장을 나타내는 말은 (오장 / 오감)이야.

4 짝 지은 낱말과 뜻이 <u>잘못된</u> 것을 고르세요. (　　)

① 오감 – 사람의 다섯 가지 감각　　② 육해공군 – 육군, 해군, 공군

③ 동서남북 – 세상의 모든 방향　　④ 오장 – 내장 기관 중 제일 중요한 부분

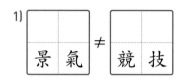 

날말발 블록 맞추기

기 사 + 기 사
騎 士 + 記 事

1 [보기]와 같이 한글은 같지만 한자와 뜻이 <u>다른</u> 낱말을 쓰세요.

보기

기 사 ≠ 기 사
騎 士 ≠ 記 事

1) 景 氣 ≠ 競 技

2) 官 吏 ≠ 管 理

2 주어진 낱말을 넣어 문장을 완성하세요.

1) 공 작 ≠ 공 작
孔 雀 ≠ 工 作

새 중에 가장 화려한 ☐☐새,
☐☐ 시간에 공작새를 만들었어.

2) 경 계 ≠ 경 계
境 界 ≠ 警 戒

두만강은 북한과 중국의 ☐☐여서,
군인들의 ☐☐가 삼엄하다.

3 문장에 어울리는 낱말을 골라 ○표 하세요.

1) (경기(景氣) / 경기(競技))가 시작되자마자 바로 골을 넣었어.

2) 오늘은 오빠가 대학에 붙은 (경사(傾斜) / 경사(慶事))스러운 날이야.

3) 119(구조(救助) / 구조(構造))대 아저씨들께 감사 편지를 썼어.

4) 용돈 (관리(官吏) / 관리(管理))를 잘 못해서 이번 주는 빈털터리야.

4 다음 중 낱말이 잘못 쓰인 것은? (   )

① 오늘 미술 수업은 공작(孔雀)이야.

② 네가 만든 레고 성은 구조(構造)가 약해 보이는걸?

③ 내가 좋아하는 배우가 영화에서 멋진 기사(騎士)로 등장했어.

④ 이 산은 경사(傾斜)가 심해서 아이들이 올라가기가 쉽지 않을걸.

기사(騎士)
기사(記事)
경계(境界)
경계(警戒)
경기(競技)
경기(景氣)
경사(傾斜)
경사(慶事)
공작(工作)
공작(孔雀)
관리(官吏)
관리(管理)
구조(救助)
구조(構造)
과장(課長)
과장(誇張)

	1)			2)						6)		7)		
				3)		4)								
						5)						8)		
								14)						
	9)							15)						
					11)									
			10)			12)					16)			
											17)			
						13)								
										18)				

정답 | 142쪽

🔑 가로 열쇠

1) 범위나 크기가 작은 것, 대규모 ↔ ○○○
3) 다듬지 않은 날가죽과 무두질한 가죽을 아울러 가리키는 말
5) 이름난 산, "금강산은 정말 ○○이야."
6) 가공한 물건
8) 낮 12시는 정오, 밤 12시는 ○○
9) 봄, 여름, 가을, 겨울 네 개의 계절을 이르는 말
10) 큰 그릇을 만드는 데는 시간이 오래 걸리는 것, 크게 될 사람은 늦게 이루어진다는 뜻의 사자성어
13) 작품을 만드는 것
15) 키가 아홉 자나 되는 사람, 키가 매우 큰 사람을 일컫는 말
17) 음력 1월을 뜻하는 말, 음력 1월 1일은 ○○ 초하루
18) 시각, 청각, 미각, 촉각, 후각을 통틀어 나타내는 말

🔑 세로 열쇠

1) 시끄러운 소리, 시끄러운 ○○은 ○○
2) 털가죽
4) 나라, 사회, 제도들의 본바탕을 뒤집어 엎고 새것으로 바꾸는 것, 프랑스 ○○
7) 공학을 연구하는 사람
9) 벼슬이 높은 집안의 사람
10) 큰 다리, "한강을 가로지르는 ○○가 여러 개 있어요."
11) "오늘 야구 ○○를 보러 갔다."
12) 온몸이 상처투성이인 것, 일이 아주 엉망이 된 것을 비유적으로 이르는 사자성어
14) 입은 다르지만 목소리는 같음을 뜻하는 사자성어
16) 정이 많고 감정이 풍부한 것을 뜻하는 사자성어

2장

會
모일 회

쥐돌이 찾기 대책 회의!

야옹이에게 납치된 쥐돌이를 구합시다.

당장 쳐들어가서 구해 옵시다.

협상으로 해결합시다.

옳소! 이에는 이로…

이렇게 여럿이 모여 의논하는 것을 뭐라고 할까요? (　　)

① 회의　　　② 공부　　　③ 이사　　　④ 운동

정답은 ①번 회의예요. 회의(會議)는 모여서 의논한다는 말이
지요.
무서운 고양이에게서 쥐돌이를 구해 오는 방법은 혼자서는 찾기
힘들 거예요. 회의를 열어 여럿이 의논해야지요. 그런데 회의를
어디서 하지요?
생쥐 마을 회관이에요. 회관(會館)은 여러 사람이 모일 수 있는
건물을 말해요.
회의가 끝나면 기자들을 모아서 어떤 이야기를 나누었
는지 발표하기도 해요. 이런 걸 기자 회견(會見)이라
고 해요. 기자들을 모아서 생각을 내보이는 거예요.
회의, 회관, 회견에 공통으로 들어가는 말이 뭘까요?
'회'예요. 회(會)가 들어가면 사람들이 '모여서'
무언가를 한다는 뜻을 가져요.

會　모일 회

■ **회의**(會 議의논할 의)
모여서 의논하는 것
■ **회관**(會 館건물 관)
여러 사람이 모일 수 있는 건물
■ **회견**(會 見보일 견)
어떤 장소에 사람들을 모아 놓고 생각을 내보이는 것

반드시 쥐돌이를 찾아오고, 고양이 목에 방울을 달겠습니다.

만일 쥐돌이가 돌아오면 마을 사람들이 모여 회식(會食)을 할 거예요. 다 같이 모여서 즐겁게 밥을 먹는 거지요.
아, 어떻게 하면 그런 날이 올까요?

쥐돌이를 석방하면 깜찍발랄 귀염 상큼한 이 방울을 선물하겠습니다.

흐음, 고양이를 찾아가 쥐돌이를 놓아 달라고 하고 있네요.

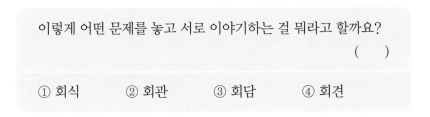

이렇게 어떤 문제를 놓고 서로 이야기하는 걸 뭐라고 할까요?
( )

① 회식   ② 회관   ③ 회담   ④ 회견

정답은 ③번 회담(會談)이에요. 어떤 문제를 놓고 모여서 이야기를 나눈다는 말이지요. 회담은 회의와 비슷한 말이에요. 그런데 회의 중에서도 규모가 크거나 중요한 회의는 '회담'이라고 해요. 예를 들어, 한국과 미국이 중요한 회의를 하면 '한미 회담'이라고 하지요.
다음은 회의와 관련된 말들이에요. 빈칸을 채워 보세요.
회담을 하는 곳은 회담장이에요.
회의를 열어 시작하는 것은 개☐(開會),
회의를 마치는 것은 폐☐(閉會)예요.
회의를 멈추고 잠시 쉬는 것은 뭘까요? 휴☐라고 해요.
그리고 회의록은 회의한 내용을 기록한 걸 말해요.

■ **회식**(會 食식사 식)
모여서 밥을 먹는 것
■ **회담**(會 談이야기할 담)
중요한 어떤 문제를 놓고 모여서 이야기를 나누는 것
■ **회담장**(會談 場장소 장)
회담을 하는 곳
■ **개회**(開열 개 會)
회의를 열어 시작하는 것
■ **폐회**(閉닫을 폐 會)
회의를 마치는 것
■ **휴회**(休쉴 휴 會)
회의를 멈추고 잠시 쉬는 것
■ **회의록**(會議 錄기록 록)
회의한 내용을 기록한 것

🔔 **남북 정상 회담**
남한에서 제일 높은 사람과 북한에서 제일 높은 사람이 만나서 회의를 하는 걸 말해요. '정상'은 그 나라에서 제일 높은 사람을 말하거든요.

🔔 **집회**
여러 사람들이 어떤 목적을 위해 모이는 것을 집회(集모일 집 會)라고 해요.

> 우린 원피스 코스프레 **동호회!**

> 난 피카츄 **동호회,** 피카피카!

만화 주인공을 그대로 따라 하는 사람들이 있다지요?

그런 걸 '코스프레'라고 해요. 그리고 그런 사람들이 만든 모임을 코스프레 동호회라고 하고요. 동호회(同好會)란 같은 것을 좋아하는 사람들의 모임을 말해요.

등산을 좋아하는 사람은 산악회에서, 축구를 좋아하는 사람은 아침에 만나는 조기 축구회에서 각자 좋아하는 일을 하지요.

이때 회(會)는 '모임', '단체'를 뜻해요.

그럼 빈칸을 채워 볼까요?

> 동창은 같은 창문이야. 이 창문은 학교 창문이야. 그래서 '**동창**'은 같은 학교 졸업생을 뜻해.

학생들이 모여 만든 단체는 학생회,

동창들이 모여 만든 단체는 동창☐라고 하지요.

공부하려고 만든 단체는 학☐,

같은 목적을 가진 사람들이 서로 돕기 위해 만든 단체는 협☐(協會)예요.

단체에서 활동하는 사람은 회원, 단체에 들어가는 것은 입☐, 단체 운영에 필요한 돈은 ☐비, 단체를 대표하는 우두머리는 ☐장, 단체에서 지켜야 할 규칙은 ☐칙(會則)이에요.

會 모임, 단체 회

■ **동호회**
(同같을 동 好좋아할 호 會)
같은 것을 좋아하는 사람들의 모임

■ **산악회**
(山산 산 岳큰 산 악 會)

■ **조기 축구회**
(早일찍 조 起일어날 기 蹴찰 축 球공 구 會)

■ **학생회**(學배울 학 生會)

■ **동창회**
(同같을 동 窓창 창 會)

■ **학회**(學會)

■ **협회**(協도울 협 會)
같은 목적을 가진 사람들이 서로 돕기 위해 만든 단체

■ **회원**(會員사람 원)
단체에서 활동하는 사람

■ **입회**(入들어갈 입 會)
단체에 들어가는 것

■ **회비**(會費비용 비)
단체 운영에 필요한 돈

■ **회장**(會長우두머리 장)
단체를 대표하는 우두머리

■ **회칙**(會則규칙 칙)
단체에서 지켜야 할 규칙

🔔 이런 말도 있어요

기회(機會)는 어떤 일을 하기에 알맞은 때를 말해요. 이때 회(會)는 '알맞다'라는 뜻이에요. '절호(絶好)의 기회'라는 말은 더할 수 없이 좋은 기회라는 뜻이지요.

■ **기회**(機시기 기 會) 어떤 일을 하기에 알맞은 때

■ **절호**(絶더할 수 없이 절 好좋을 호)**의 기회**(機會) 더할 수 없이 좋은 기회

> 절호의 기회다.

사람들이 한꺼번에 모이는 때는 특별한 날일 때가 많아요.
'줄다리기, 이어달리기' 하면 무엇이 떠오르나요?
맞아요. 여러 사람이 모여 운동 경기를 하는 행사 운동회예요.
그동안 배운 예능 솜씨를 뽐내는 행사는 학예회(學藝會)예요.

유명인이 팬들에게 사인을 해 주는 행사를 사인 ☐ 라고 해요.
이건 서명을 뜻하는 '사인(sign)'에 행사라는 뜻의 '회'가 더해진
말이지요. 이렇게 회(會)는 행사를 나타내기도 해요.
그중에서도 특별히 큰 규모의 행사는 대회(大會)라고 해요.
체육 대회는 운동회를 좀 거창하게 표현한 말이에요.
이런 식으로 '회'를 붙여서 만든 말에 또 어떤 것들이 있을까요?
차나 과자를 함께하며 이야기를 나누는 행사는 다과 ☐ ,
음악을 연주하고 감상하는 행사는 음악 ☐ ,
한 해를 되돌아보며 보내는 행사는 송년 ☐ (送年會)라고 해요.

會 행사 회

■ **운동회**
(運움직일 운 動움직일 동 會)
여러 사람이 모여 운동 경기를
하는 행사

■ **학예회**
(學배울 학 藝예능 예 會)
배운 예능 솜씨를 뽐내는 행사

■ **사인회(會)**
유명인이 팬들에게 사인을 해
주는 행사

■ **대회(大큰 대 會)**
특히 큰 규모의 행사

■ **다과회(茶차 다 菓과자 과 會)**
차와 과자를 함께하며 이야기
를 나누는 행사

■ **음악회**
(音소리 음 樂음악 악 會)
음악을 연주하고 감상하는 행사

■ **송년회**
(送보낼 송 年해 년 會)
한 해를 되돌아보며 보내는 행사

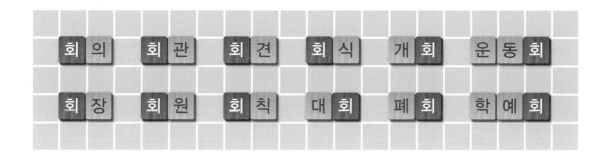

| 회의 | 회관 | 회견 | 회식 | 개회 | 운동회 |
| 회장 | 회원 | 회칙 | 대회 | 폐회 | 학예회 |

會
모일 회

① 주어진 한자를 따라 쓰세요.

```
        의                              입
  운 동        會        의 록
        담                              대
            모일 회
```

② 어떤 낱말에 대한 설명인지 쓰세요.

1) 같은 것을 좋아하는 사람들의 모임 → ☐☐☐

2) 중요한 어떤 문제를 놓고 모여서 이야기를 나누는 것 → ☐☐

3) 차나 과자를 함께하며 이야기를 나누는 행사 → ☐☐☐

4) 회의한 내용을 기록한 것 → ☐☐☐

5) 같은 목적을 가진 사람들이 서로 돕기 위해 만든 단체 → ☐☐

③ 알맞은 낱말을 찾아 문장을 완성하세요.

1) 샛별동 조기 축구회 ☐☐을 모집합니다.

2) 이번 가을 ☐☐☐에서 연극을 하기로 했어.

3) 새로운 노래를 발표한 가수가 기자 ☐☐을 가졌어.

4) 작년 가을 평양에서 남북 정상 ☐☐이 열렸어.

5) 광화문에서 여러 사람이 모여 촛불 ☐☐를 열었어.

회의

회관

회견

회식

회담

회담장

개회

폐회

휴회

회의록

남북 정상 회담

집회

동호회

산악회

조기 축구회

학생회

4 문장에 어울리는 낱말을 골라 ○표 하세요.

1) 쓰레기 줄이기 문제로 아파트 주민들이 모여서 (회의 / 회담)을(를) 했어.

2) 마을의 노인 (회관 / 회견)은 할머니, 할아버지들이 자주 가시는 곳이야.

3) 유명 연예인의 팬 (음악회 / 사인회)에 많은 사람들이 몰려들었어.

4) 우리 학교의 (산악회 / 학생회)는 학생 복지를 위해 많은 일을 하지.

5 그림을 보고, 알맞은 낱말을 쓰세요.

1) 회의한 내용을 □□□에 잘 적어 둬.

2) 내일 □□□에서 이어달리기 대표는 나야.

3) 넌, □□□인 가나? / 난 너랑 다른 학교 나왔거든.

4) 우리도 □□□를 하면서 한 해를 되돌아봐야지.

6 그림을 보고, 알맞은 낱말을 연결하세요.

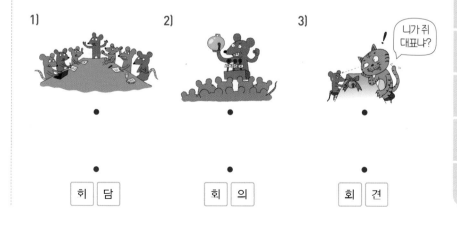

1) 2) 3)

니가 쥐 대표냐?

| 회 담 | 회 의 | 회 견 |

동창회

학회

협회

회원

입회

회비

회장

회칙

운동회

학예회

사인회

대회

다과회

음악회

송년회

기회

야구는 야구장에서, 공연은 공연장에서

와~ 줄이 길다! 놀이공원 □□하는 날인가 봐.

쯧쯧 한심하긴. 우린 고상하게 커피숍이나…

場	장소 장

■ 개장(開열 개 場)
어떤 장소의 문을 여는 것

■ 폐장(閉닫을 폐 場)
어떤 장소의 문을 닫는 것

■ 공연장(公드러낼 공 演연기할 연 場)
공연하는 장소

■ 현장(現나타날 현 場)
무엇이 나타나는 장소

위 그림의 빈칸에 어떤 말이 들어가면 좋을까요? (   )

① 간장   ② 폐장   ③ 개장   ④ 막장

짝짝, 맞혔어요! 빈칸에 들어갈 말은 개장(開場)이에요. 어떤 장소의 문을 연다는 말이에요. 반대말은 폐장. 어떤 장소의 문을 닫는 거지요. 이처럼 장(場)은 '장소'라는 뜻을 갖고 있어요. '장'은 원래 '마당'이란 말에서 유래했어요. 아주 옛날엔 너른 마당에 사람들이 모여 신에게 제사를 드렸대요. 그래서 사람이 많이 모일 수 있는 넓고 평평한 장소를 '장'이라고 했어요. 하지만 지금은 어떤 일이 벌어지는 장소를 모두 '장'이라고 해요.

유명한 가수가 공연하는 곳은 뭐라고 할까요? (   )

① 경기장   ② 극장   ③ 공연장

딱 걸렸어, 범죄 현장.

너덕~

그렇지요, ③번 공연장이에요. 공연장은 '공연 현장'의 준말이에요. 현장(現場)은 무엇이 나타나는 장소를 말해요.

🔔 범죄 현장은 범죄가 나타난 장소, 즉 '범죄가 일어난 장소'를 뜻해요.

그럼 현장 학습은 무슨 말일까요?

뭐죠? 놀러 가는 분위기네요? 현장 학습은 놀러가는 게 아녜요.
책에서 배운 사건이 벌어진 그 장소를 직접 보고 체험하러 가는
거지요. 행주산성으로 현장 학습을 간다면, 권율 장군의 전투
현장을 직접 보고 당시 사람들의 마음을 느끼러 가는 거예요.
그래서 현장 학습을 다른 말로 현장 체험 또는 체험 학습이라고
도 해요.

오늘은 엄마와 야구장에 갔어요. 사람들이 줄을 서서 ▢▢을
기다리고 있더라고요.

위의 빈칸에 들어갈 말은 뭘까요? (   )

① 입장   ② 퇴장   ③ 상장   ④ 구장

①번 입장이지요. 어떤 장소에 들어가는 건 입장(入場), 나오는
건 퇴장이에요. 구장은 야구장 또는 축구장의 준말이에요.
야구장에서 4번 타자가 홈런을 쳤어요. 그런데 그 타자가 친 공
이 야구장 밖으로 완전히 넘어갔네요. 뭐라고 하는지 아세요?
이런 걸 '장외 홈런'이라고 해요. 어떤 장소의 안쪽은 장내(場
內), 바깥쪽은 장외라고 하거든요.

■ **현장 학습**
(現場 學배울 학 習익힐 습)
공부에 필요한 자료가 있는 현
장에 직접 찾아가서 배우는 일
= 현장 체험 / 체험 학습
■ **입장**(入들 입 場)
어떤 장소에 들어가는 것
■ **퇴장**(退물러날 퇴 場)
어떤 장소에서 나오는 것
■ **구장**(球공 구 場)
야구장이나 축구장의 준말
■ **장내**(場 內안 내)
어떤 장소의 안쪽
■ **장외**(場 外바깥 외)
어떤 장소의 바깥쪽

🔔등장
등장(登오를 등 場무대 장)은 원
래 무대에 오른다는 말이에요.
연극, 영화, 소설 등에서 어떤
사람이 나오는 걸 가리켜요.
'등장인물'은 '나오는 사람'과
같은 뜻이지요.
여기서 '장(場)'은 무대를 뜻해
요.

場 시장 장

- **장(場)터**
  장이 서는 장소
- **장(場)날**
  장이 서는 날
- **장(場)바구니**
  시장 갈 때에 들고 가는 바구니
- **삼일장(三석삼 日날일 場)**
  3일(사흘)마다 열리는 장
- **오일장**
  (五다섯 오 日날 일 場)
  5일(닷새)마다 열리는 장
- **시장(市시장 시 場)**
  상품을 사고파는 곳
- **수산물 시장(水물 수 産날 산 物물건 물 市場)**
  물에서 나는 것들을 파는 시장
- **농산물 시장(農농사 농 産 物市場)**
  농사를 지어 생겨난 것들을 파는 시장
- **가구 시장(家집 가 具기구 구 市場)**
  가구를 파는 시장
- **우시장(牛소 우 市場)**
  소를 파는 시장

하하. 엄마는 시장에 같이 가자고 하시는 거네요.

옛날에는 며칠에 한 번씩 장이 열렸어요. 그걸 가리켜 '장이 선다'라고 하죠. 그럼 다음 빈칸을 채워 보세요.

장이 서는 장소는 장터, 장이 서는 날은 □□,
엄마가 시장 갈 때에 들고 가시는 바구니는 □□□□,
3일마다 열리는 장은 삼일장, 5일마다 열리는 장은 □□□.
빈칸에 들어갈 말은 장날, 장바구니, 오일장이에요.

이때 장(場)은 시장(市場)을 말하지요. 지금도 시골에서는 삼일장이나 오일장이 열려요.

생선이나 조개를 파는 시장은 수산물 시장이에요. 물에서 나는 것들을 판다는 말이지요.

배추, 무, 당근을 파는 곳은 농산물 시장이에요. 농사를 지어 생겨난 것들을 파는 시장이지요.

가구를 파는 시장은 가구 시장, 소를 파는 시장은 우시장이에요.

🔔 **저자, 저잣거리**
시장을 다른 말로 '저자'라고 해요. 가게들이 죽 늘어서 있는 거리를 '저잣거리'라고 하지요.

이제 스피드 퀴즈를 할 거예요.

빨리빨리 다음 빈칸을 채워 보세요.

비행기가 뜨고 내리는 곳은 □□□,

물건을 차려 놓고 보이는 곳은 □□□,

차를 세우는 곳은 □□□,

닭을 기르는 곳은 □□□,

물고기를 기르는 곳은 □□□.

답은 순서대로 비행장, 전시장, 주차장, 양계장, 양어장이에요.

몇 개나 맞혔나요?

세 개 이상 맞혔다면 낱말 실력이 대단한 거예요.

자, 그럼 이제 이 낱말들의 공통점을 찾아봐요. 찾았나요? 맞아요. 낱말 뒤에 장(場)이 붙어서 '~하는 곳'이라는 뜻이 된 거지요.

어이, 실업자! 가서 □□ 좀 구하지?

어...

푹!

그림의 빈칸에 들어갈 말은 무엇일까요? (   )

① 광장   ② 직장

그래요, 직장이에요. 실업자는 일자리를 잃고 쉬는 사람이에요. 그러니까 실업자 삼촌이 구해야 할 건 일자리, 즉 직장(職場)인 거지요. 광장(廣場)은 사람들이 모일 수 있는 넓은 빈터예요.

場 ~하는 곳 장

■ **비행장**(飛날 비 行갈 행 場)
비행기가 뜨고 내리는 곳

■ **전시장**
(展펼칠 전 示보일 시 場)
물건을 차려 놓고 보이는 곳

■ **주차장**(駐머물 주 車차 차 場)
차를 세우는 곳

■ **양계장**(養기를 양 鷄닭 계 場)
닭을 기르는 곳

■ **양어장**(養 ,魚물고기 어 場)
물고기를 기르는 곳

■ **직장**(職일 직 場)
일하는 곳

■ **광장**(廣넓을 광 場)
사람들이 모일 수 있는 넓은 빈터

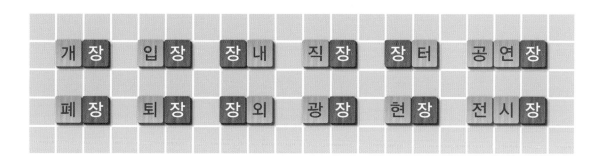

개장 입장 장내 직장 장터 공연장
폐장 퇴장 장외 광장 현장 전시장

씨글자
블록 맞추기

場
장소 장

개장

폐장

공연장

현장

현장 학습

현장 체험

체험 학습

입장

퇴장

구장

장내

장외

등장

장터

장날

1 주어진 한자를 따라 쓰세요.

광				터
	공 연	場	현 학 습	
퇴		장소 장		내

2 어떤 낱말에 대한 설명인지 쓰세요.

1) 어떤 장소의 문을 여는 것 ➡ ☐☐

2) 공연하는 장소 ➡ ☐☐☐

3) 야구장이나 축구장의 준말 ➡ ☐☐

4) 농사를 지어 생겨난 것들을 파는 시장 ➡ ☐☐☐☐☐

5) 비행기가 뜨고 내리는 곳 ➡ ☐☐☐

3 알맞은 낱말을 찾아 문장을 완성하세요.

1) 오늘 닷새마다 장이 서는 ☐☐☐ 구경 가지 않을래?

2) ☐☐☐ 에 차가 가득 차서 차 세울 곳이 마땅치 않네.

3) 저렇게 줄이 길다니, 놀이 공원 ☐☐ 하는 날인가 봐.

4) 그 승무원은 비행기를 타려고 ☐☐☐ 으로 갔어.

5) 장 볼 때는 비닐봉지 대신 ☐☐☐☐ 를 이용하면 환경을 지

킬 수 있지.

4 문장에 어울리는 낱말을 골라 ○표 하세요.

1) 쭉 뻗은 공, 경기장을 넘어갔습니다. (장외 / 시장) 홈런입니다!

2) 비겁하게 반칙을 쓰는 선수는 당장 (삼일장 / 퇴장)시켜야 해.

3) 내일은 행주산성으로 (현장 학습 / 전시장) 가는 날!

4) 실업자인 삼촌은 (광장 / 직장)을 구해야 해.

5 그림을 보고, 알맞은 낱말을 쓰세요.

1) 딱 걸렸어. 범죄 □□.

2) 가는 날이 □□이라더니⋯. / 우리 지난주에도 이러지 않았니?

6 그림을 보고, 알맞은 낱말을 연결하세요.

1) 2) 3)

| 주 | 차 | 장 | | 전 | 시 | 장 | | 양 | 계 | 장 |

장바구니

삼일장

오일장

시장

수산물 시장

농산물 시장

가구 시장

우시장

비행장

전시장

주차장

양계장

양어장

직장

광장

몸 내부가 탈이 나면 내과로!

모처럼 가족들이 찜질방에 총출동했는데, 저런! 내부 수리 중이라네요.

내부(內部)는 안쪽 부분을 뜻해요. 지금 찜질방 안을 수리하고 있다는 말이에요. 내(內)는 안과 밖 중 '안'을 가리켜요.

우리 몸의 내부에는 뭐가 있을까요?

내장이 있어요. 내장(內臟)은 위장, 간장, 대장 같은 여러 가지 몸속 기관을 뜻해요.

병이 나면 몸속을 들여다봐야 할 때가 있어요. 이때 내시경이 필요해요. 내시경은 목구멍 등으로 집어넣어 우리 몸 안을 관찰하는 기계를 말해요.

> 그럼 속이 아플 때에는 어느 병원에 가야 할까요? (   )
>
> ① 외과   ② 내과   ③ 안과   ④ 치과

정답은 ②번 내과예요. 내과(內科)는 우리 몸속의 내장들을 살피고 약으로 치료하는 병원이에요. 하지만 수술로 치료해야 할 때에는 외과로 가지요.

內 · 안 내

■ **내부**(內 안 내 部부분 부)
안쪽 부분

■ **내장**(內 안 내 臟기관 장)
위장, 간장, 대장 같은 여러 가지 몸속 기관

■ **내시경**
(內 안 내 視볼 시 鏡거울 경)
몸 안을 관찰하는 기계

■ **내과**(內 안 내 科과목 과)
몸속의 내장들을 살피고 약으로 치료하는 병원

🔔 **내장**
건물 안을 장식하는 걸 내장(內 안 내 粧장식할 장)이라고 해요. 인테리어와 같은 말이지요. 우리 몸속의 내장(內臟)과는 한자가 다르답니다.

내용(內容)은 안에 담겨 있는 것을 말해요. 글이나 그림, 영화 등에 담긴 이야기도 내용이라고 해요. 안에 남긴 물건은 내용물 이라고 해요.

'내'가 쓰이는 말 중에는 어떤 장소의 안을 가리키는 말도 많아요. 학교 안은 교☐, 건물 안은 실내(室內)라고 해요. 건물 안에서 신는 신발은 실☐화, 건물 안에 있는 수영장은 실☐ 수영장이 지요.

실내 중에서 비행기 안은 기내(機內)라고 해요. 비행기 안에서 먹는 음식은 기☐식, 비행기 안에서 나오는 방송은 기☐ 방송 이라고 해요.

그럼 도서관이나 역같이 큰 건물이나 시설에 있는 식당이나 매 점은 실내 식당과 실내 매점? 아니에요. 그런 건 구내식당, 구 내매점이라고 해요. 구(構)는 큰 집이나 건물을 말해요. 그래서 구내매점, 구내식당이라고 하는 거예요.

위쪽 그림의 빈칸에 들어갈 말을 무엇일까요? (　　)

① 내장　　② 안내　　③ 내과　　④ 내복

정답은 ②번. 안내(案內)는 원래 안으로 이끈다는 뜻이에요. 가 고자 하는 곳을 찾아가게 도와주는 거지요. 그런 그림을 ☐☐ 도라고 해요. 안내도를 봐도 모르면 ☐☐원에게 물어보세요. 안내도는 안내하는 그림, 안내원은 안내하는 사람이에요.

■ **내용**(內 容담길 용)
안에 담겨 있는 것

■ **내용물**(內 容 物물건 물)
안에 담긴 물건

■ **교내**(校학교 교 內)
학교 안

■ **실내**(室건물 실 內)
건물 안

■ **실내화**(室 內 靴신발 화)
건물 안에서 신는 신발

■ **실내 수영장**
(室內 水물 수 泳헤엄칠 영
場마당 장)

■ **기내**(機기계 기 內)
비행기 안

■ **기내식**(機內 食음식 식)
비행기 안에서 먹는 음식

■ **기내 방송**
(機內 放놓을 방 送보낼 송)
비행기 안에서 먹는 음식

■ **구내**(構큰 건물 구 內)
큰 건물 안

■ **구내식당**
(構內 食먹을 식 堂집 당)
큰 건물 안에 있는 식당

■ **구내매점**
(構內 賣팔 매 店가게 점)
큰 건물 안에 있는 상점

■ **안내**(案이끌 안 內)
가려는 곳까지 이끌어 주는 것

■ **안내도**(案 內 圖그림 도)

■ **안내원**(案 內 員사람 원)

한우는 우리나라 소를 말해요. 국산은 우리나라에서 난 것이라는 뜻이지요. 그러니까 한우는 국산 소에 속하지요.

국산은 국내산의 줄임말이에요. 국내(國內)는 나라 안을 말해요. 그러니까 자기 나라 안에서 나는 소고기, 과일, 채소, 자동차는 모두 국산 또는 □□산인 거지요. 그럼 외국으로 다니지 않고 그 나라 안에서만 다니는 비행기는 뭐라 할까요? 그래요, □□선 비행기예요. 이렇게 내(內)가 '나라 안'을 뜻할 때도 있어요.

내국인(內國人)은 그 나라 사람을 말해요. 나라 안에서 그 나라 사람들끼리 난리가 나면 내란(內亂)이라고 해요. 내란이 심해서 전쟁이 벌어지면 □전이라고 하지요.

내란이나 내전이 일어났을 때에 외국에서 쳐들어온다면 어떨까요? 이런 경우를 내우외환이라고 해요. 나라 안과 밖에 다 근심이 있다는 뜻이에요.

內	나라 안 내

- **국내**(國나라 국 內)
나라 안
- **국내산**(國內 産날 산)
그 나라 안에서만 나는 것
= 국산(國産)
- **국내선**(國內 線노선 선)
그 나라 안에서만 다니는 교통편
- **내국인**(內國 人사람 인)
그 나라 사람
- **내란**(內 亂난리 란)
그 나라 사람들끼리의 난리
- **내전**(內 戰싸움 전)
그 나라 사람들끼리 싸우는 전쟁
- **내우외환**
(內 憂근심 우 外나라 밖 외 患근심 환)
나라 안과 밖에 다 근심이 있는 것

🔔 이런 말도 있어요

옛날에는 내(內)가 '궁궐 안'을 가리키기도 했어요. 《동의보감》을 쓴 명의 허준이 궁궐 안에서 일하던 곳은 내의원(內醫院)이에요. 의원은 병원을 뜻하니까, 내의원은 궁궐 안에 있는 병원을 말하지요. 궁궐 안에서 임금의 시중을 드는 남자는 내시(內侍)라고 했어요.

- **내의원**(內궁궐 안 내 醫치료할 의 院집 원) 궁궐 안의 병원
- **내시**(內 侍모실 시) 궁궐 안에서 임금의 시중을 드는 남자

그림을 보세요!

호랑이의 겉과 속이 좀 다르지요?

속마음을 내심(內心)이라고 해요.

다음 중 내심과 비슷한 말은 무엇일까요? (　　)

① 내숭　② 내복　③ 내면

內	속마음 내

- 내심(內 心마음 심)
  속마음
- 내면(內 面면 면)
  안에 있는 모양 / 사람의 속마음
- 내성적
  (內 省살필 성 的~할 적)
  자기 의견을 속으로만 살피고
  겉으로 잘 드러내지 않는 성격

정답은 ③번이에요. 내면(內面)은 겉으로 드러난 모양이 아니라 안에 있는 모양, 즉 사람의 속마음을 뜻해요.

사람의 성격을 나타내는 말 가운데 내성적(內省的)이란 말은 자기 마음속을 살핀다는 뜻이지요. 내성적인 친구들은 대개 자기 의견을 속으로만 살피고 겉으로 잘 드러내지 않는 성격이에요.

내막은 연극에서 쓰이는 막의 안쪽을 가리키는 말이에요.

겉으로 드러나지 않고 속에서 일어나는 일을 말해요.

우리말로 하면 속사정이지요.

이처럼 내(內)는 '겉으로 드러나지 않는', '몰래'라는 뜻도 있어요. □밀은 겉으로 드러나지 않고 조용히 이루어지는 일을 말해요.

內	안 드러날 내 몰래

- 내막(內 幕막 막)
  연극에서 쓰이는 막의 안쪽 /
  겉으로 드러나지 않고 속에서
  일어나는 일 = 속사정
- 내밀(內 密비밀 밀)
  겉으로 드러나지 않고 조용히
  이루어지는 일

1 주어진 한자를 따라 쓰세요.

| 부 | | | | | | 실 |

국 산   內   우 외 환

심 안

안 내

2 어떤 낱말에 대한 설명인지 쓰세요.

1) 위장, 간장, 대장 같은 여러 가지 몸속 기관 ➡ ☐☐

2) 안에 담긴 물건 ➡ ☐☐☐

3) 그 나라 안에서만 다니는 교통편 ➡ ☐☐☐

4) 나라 안과 밖에 다 근심이 있는 것 ➡ ☐☐☐☐

5) 자기 의견을 속으로만 살피고 겉으로 잘 드러내지 않는 성격 ➡ ☐
☐☐

3 알맞은 낱말을 찾아 문장을 완성하세요.

1) 안내도를 봐도 길을 모르겠어. 저기 ☐☐☐ 에게 물어보자.

2) 내란이 심해지면 ☐☐ 으로 확대되어 같은 나라 사람끼리 싸우는
슬픈 일이 생기기도 해.

3) 민수는 ☐☐☐ 인 성격이라 속마음을 잘 표현하지 않아.

4) 교실에 들어왔으면 ☐☐☐ 를 신어야지.

90

4 문장에 어울리는 낱말을 골라 ◯표 하세요.

1) 서울에서 제주도로 갈 때는 (국내선 / 국제선) 비행기를 타고 가야 해.

2) 이 글은 제목과 (내심 / 내용)이 어울리지 않아.

3) 동수가 자꾸 네게 장난치는 건 (내장 / 내심) 널 좋아하기 때문이야.

4) 일의 (내막 / 내밀)도 모르고 무작정 화만 내면 어떻게 해.

5 그림을 보고, 호랑이의 속마음을 표현하는 낱말을 고르세요. (   )

① 내시   ② 내심   ③ 내전   ④ 내장

6 같은 뜻으로 쓰인 '내(内)'를 찾아 내려와 도착한 곳의 낱말을 고르세요.

(   )

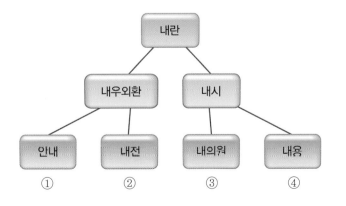

| 안내원 |
| 국내 |
| 국내산 |
| 국산 |
| 국내선 |
| 내국인 |
| 내란 |
| 내전 |
| 내우외환 |
| 내의원 |
| 내시 |
| 내심 |
| 내면 |
| 내성적 |
| 내막 |
| 내밀 |

심장이 콩닥콩닥, 마음이 두근두근

나한테 □□ 있나?

양말이 짝짝이잖아…

두근 두근

위의 그림에서 빈칸에 알맞은 말은 무엇일까요? (   )

① 욕심   ② 관심   ③ 호기심

정답은 ②번 관심이에요. 관심(關心)은 관계를 맺고 싶어하는 마음이에요. 무언가에 마음이 끌리는 것을 말하지요. 욕심은 무언가를 몹시 탐내는 마음, 호기심은 새롭고 이상한 것을 좋아하는 마음이에요.

관심, 욕심, 호기심의 심(心)은 모두 '마음'을 뜻해요. 마음은 눈에 보이지 않는 기분이나 느낌, 성격 같은 거예요.

중학생들이 '초딩'이라고 놀리면 기분 나쁘지요? 자존심이 상해서 그래요. 자존심(自尊心)은 스스로를 높이는 마음이에요. '초딩'은 초등학생을 낮춰 부르는 말이니 자존심, 즉 마음이 상하는 말이지요.

어떤 일에 온통 마음을 쏟을 때에 '열심히' 한다고 해요. 열심은 뜨거운 마음을 말해요. 돋보기로 햇빛을 한 점에 모으면 그곳이 뜨거워지잖아요. 마음도 하나로 모으면 저절로 뜨거워지겠지요?

心   마음 심

■ **관심**(關관계 관 心)
관계를 맺고 싶어하는 마음 /
무언가에 마음이 끌리는 것

■ **욕심**(慾탐낼 욕 心)
탐내는 마음

■ **호기심**
(好좋아할 호 奇이상할 기 心)
새롭고 이상한 것을 좋아하는
마음 / 모르는 것을 알고 싶어
하는 마음

■ **자존심**
(自스스로 자 尊높일 존 心)
스스로를 높이는 마음

■ **열심**(熱뜨거울 열 心)
뜨거운 마음

🔔 **무관심**
관심의 반대말은 무관심(無없
을 무 關心)이에요.

92

재철이는 공부를 열심히 하기로 굳게 마음을 먹었어요. 이걸 결심(決心)이라고 해요. 이걸 믿어 주지 않으면 의심한다고 해요. 갑자기 공부하겠다니 이상하게 생각하는 거지요.

그래도 재철이의 마음은 변함이 없어요. 공부하겠다는 마음은 진심(眞心), 즉 참된 마음이거든요.

처음에는 공부 습관이 들지 않아 정말 힘들었어요.

'작심'은 '결심'과 같은 말이에요. '작심삼일'은 결심이 오래가지 않는다는 말이에요.

이럴 때에 필요한 게 뭘까요? (   )

① 명심   ② 자부심   ③ 인내심   ④ 애국심

다 필요한 것이지만, 공부 습관이 들지 않아 힘들 때에 꼭 필요한 건 인내심이에요.

인내심은 힘든 것을 참고 견디는 마음을 말하거든요. 명심은 잊지 않게 마음에 새기는 것이고, 자부심은 자기를 책임질 수 있는 당당한 마음이지요. 애국심은 나라를 사랑하는 마음이에요.

와, 100점이네요. 그동안 노력한 것에 자부심을 가져도 되겠어요. 어머니도 이젠 마음을 놓으시겠지요. 이렇게 마음을 놓고 편안해하는 것이 안심이에요.

하지만 조심! 마음을 다잡아야 해요.

한 번 결과가 좋았다고 너무 마음을 놓았다가 다음 시험에서 큰 코 나칠 수 있거든요. '조심하지 않고 마음을 놓는 것'을 뭐라고 할까요? 맞아요, 방심(放心)이에요.

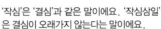

작심삼일?

공부만이 살길이다!

결심(決결정할 결 心)
마음을 결정하는 것

작심(作일으킬 작 心)
마음을 일으키는 것 / 결심하는 것

의심(疑의심할 의 心)
이상하게 생각하여 믿지 못하는 마음

진심(眞참 진 心)
참된 마음

인내심
(忍참을 인 耐참을 내 心)
힘든 것을 참고 견디는 마음

명심(銘새길 명 心)
잊지 않게 마음에 새기는 것

자부심
(自스스로 자 負책임질 부 心)
자기를 책임질 수 있는 당당한 마음

애국심
(愛사랑할 애 國나라 국 心)
나라를 사랑하는 마음

안심(安편안할 안 心)
마음을 놓고 편안해하는 것

조심(操잡을 조 心)
마음을 다잡는 것

방심(放놓을 방 心)
조심하지 않고 마음을 놓는 것

- **동심(童**아이 동 **心)**
  어린아이처럼 순수한 마음
- **양심(良**선할 양 **心)**
  선량한 마음
- **효심(孝**효도할 효 **心)**
  부모님께 효도하는 마음
- **시기심**
  (**猜**샘낼 시 **忌**미워할 기 **心)**
  샘내고 미워하는 마음
- **상심(傷**상처 상 **心)**
  상처받은 마음
- **선심(善**착할 선 **心)**
  남에게 베푸는 착한 마음
- **인심(人**사람 인 **心)**
  사람의 마음
- **회심(會**맞을 회 **心)**
  생각과 맞아떨어지는 것
- **심술(心 術**꾀 술**)**
  온당하지 않은 마음으로 부리
  는 꾀

아빠가 오랜만에 동심으로 돌아가셨네요. 동심(童心)은 어린아
이처럼 순수한 마음을 말해요. 그럼 순수하지 않은 마음도 있을
까요?

물론이지요.

빈칸을 채우면서 여러 가지 마음을 알아볼까요?

바른 일을 하려는 선량한 마음은 ☐☐ ,

부모님께 효도하는 마음은 ☐☐ ,

샘내고 미워하는 마음은 ☐☐☐ ,

일이 잘 안 되거나 소중한 것을 잃어 상처받은 마음은 ☐☐ 이
에요.

정답은 순서대로 양심, 효심, 시기심,

상심이에요.

그뿐 아니에요. 선심(善心)은 남에게 베푸는

착한 마음을 말해요.

마음을 곱게 쓰면 인심(人心)을 얻을 수 있어요.

사람의 마음은 세상에서 제일 얻기 어려운 거

예요. 그것을 얻었다니 모든 일이 잘 되겠지요?

한편 일이 자기 생각과 맞아떨어져서 기분이 좋을 때에 짓는 웃
음이 회심(會心)의 미소예요.

옛날에는 마음이 심장에서 생겨난다고 생각했대요.

심(心)은 그래서 심장(心臟)을 뜻하기도 해요. 마음이 두근두근하면 심장도 콩닥거리잖아요. 그런데 심장은 우리 몸 가운데인 몸통에 있어요. 그래서 심(心)은 '가운데'를 뜻하기도 하지요.
연필의 한가운데에 있는 까맣고 둥근 막대가 뭐지요? 연필심이에요.
양초의 가운데에 불을 붙일 수 있게 꽂아 놓은 실은요? 심지지요.

어디서 공사하는 소리가 나네?

여기가 바로 □□!

왼쪽 그림에서 빈칸에 무슨 말이 들어갈까요? 그렇지요, 중심(中心)이에요. '가운데의 가운데'니까 '한가운데'지요. 중심과 비슷한 말로 핵심(核心)이 있어요. '핵(核)'은 열매의 씨앗을 가리켜요. 열매의 씨앗은 한가운데에 있을 때가 많기 때문이죠.
어떤 것에서 중심이 되는 부분은 중심부, 어떤 일이나 활동의 중심이 되는 곳은 중심지, 이야기나 일 따위에서 중심이 되는 사람은 중심인물, 중심인물 중 가장 중요한 사람이 주인공이에요.

心 가운데 심

■ **심장(心** 臟장기 장)
몸의 한가운데인 몸통에 있는 장기

🔔 **장기**
'장기'는 사람 몸 안에서 어떤 일을 맡아하는 기관을 말해요.

■ **연필심(心)**
■ **심(心)지**
■ **중심(中** 가운데 중 **心)**
한가운데 = 핵심(核씨 핵 **心)**

■ **중심부(中心** 部부분 부)
중심이 되는 부분

■ **중심지(中心** 地땅 지)
어떤 일이나 활동의 중심이 되는 곳

■ **중심인물**
(**中心 人**사람 인 **物**물건 물)
중심이 되는 사람

🔔 **중심**
평균대 놀이를 할 때에는 '중심'을 잘 잡아야 해요. 여기서 말하는 중심은 '무게의 중심'을 뜻하는 중심(重무거울 중 心중심 심)이에요.

| 관심 | 결심 | 안심 | 방심 | 동심 | 자존심 |
| 욕심 | 의심 | 조심 | 명심 | 양심 | 시기심 |

마음 심

관심

욕심

호기심

자존심

열심

무관심

결심

작심

의심

진심

인내심

명심

애국심

자부심

안심

조심

방심

동심

1 주어진 한자를 따라 쓰세요.

관 □
시 기
心
마음 심
결 □

중 인 물
술 □
장 □

2 어떤 낱말에 대한 설명인지 쓰세요.

1) 새롭고 이상한 것을 좋아하는 마음 / 모르는 것을 알고 싶어하는 마음
→ □□□

2) 이상하게 생각하여 믿지 못하는 마음 → □□

3) 어린아이처럼 순수한 마음 → □□

4) 연필의 한가운데에 있는 까맣고 둥근 막대 → □□□

5) 스스로를 높이는 마음 → □□□

3 알맞은 낱말을 찾아 문장을 완성하세요.

1) 나는 공룡을 좋아해. 그래서 □□이 많아.

2) 내가 도와줄 테니 걱정 말고 □□ 해.

3) 유리를 깨뜨리지 않으려고 □□스럽게 옮겼어.

4) 〈심청전〉의 □□□□은 심청이야.

5) 미희 앞에만 가면 □□이 두근거려.

4 문장에 어울리는 낱말을 골라 ○표 하세요.

1) 부모님께 효도하는 마음은 (효심 / 안심)이야.

2) 길에서 주운 지갑을 찾아주다니 정말 (선심 / 양심)적이구나.

3) 동생이 (동심 / 심술)을 부려서 나도 화가 났어.

4) 평균대 놀이를 할 때에는 (중심 / 상심)을 잘 잡아야 해.

5 그림을 보고, 심(心)이 쓰인 뜻을 찾아 바르게 연결하세요.

1)	2)	3)
결 심	중 심	자 부 심

마 음   가 운 데

6 그림을 보고, 알맞은 낱말을 쓰세요.

1)

안에 뭐가 있을까?

네 □□□ 때문에 시계가 남아나지를 않아.

□ □ □

2)

잠시 □□한 사이에 도망치다니…

□ □

양심
효심
시기심
상심
선심
인심
회심
심술
심장
장기
연필심
심지
중심(中心)
핵심
중심부
중심지
중심인물
중심(重心)

탐스러운 사과는 농사일의 결과

果
열매 과

날 먹지 마!

와, 맛있겠다!!

〈백설공주〉에 나오는 과일은 사과예요. 그럼 사과와 같은 과일 나무들을 키우는 곳을 뭐라고 할까요? (   )

① 과일 논   ② 과일 공장   ③ 과수원

정답은 ③번 과수원이에요. 과수원(果樹園)은 과일나무 밭이에요. 사과, 밤, 배, 대추, 감과 같은 과일나무를 심어 놓은 곳이지요.

과일을 깎을 때에 필요한 건 어떤 칼일까요?

조그만 과도예요. 과도(果刀)는 과일 깎는 칼이에요.

식칼보다 작아서 한 손에 쏙 들어 오니까 과일 껍질을 깎기 좋지요.

과일을 자르는 칼은 과도,

과일나무를 심어 놓은 곳은 과수원,

이렇게 과(果)는 '과일'이라는 뜻으로 쓰여요.

에고 힘들어.

과도를 쓰셔야죠.

果	과일 과

▪ **과수원**
(果 나무 수 園 동산 원)
과일나무가 심어져 있는 곳

▪ **과도**(果 刀칼 도)
과일 깎는 칼

🔔 **사과 밭**
과일은 밭에서 키워요. 그래서 '사과 밭'이라고도 하는 거예요. 감나무 밭, 배나무 밭, 밤나무 밭도 마찬가지지요.

사과나 배 같은 과일은 과도로 껍질을 벗겨서 작게 잘라 먹어요. 과일에서 껍질과 씨를 뺀 나머지를 뭐라고 할까요?
답은 과육(果肉)이에요. 과일에서 우리가 먹을 수 있는 연한 부분을 과육이라고 하지요. '과일의 살'이란 뜻이에요.
과일은 갈아서도 먹고 말려서도 먹어요. 과일을 갈아서 즙을 낸 것은 과즙, 오래 두고 먹을 수 있게 과일을 말린 것은 건과라고 해요.

깩!너 알몸이잖아.

- **과육**(果 肉살 육)
과일의 살
- **과즙**(果 汁즙 즙)
과일을 갈아서 즙을 낸 것
- **건과**(乾마를 건 果)
과일을 말린 것
- **낙과**(落떨어질 낙 果)
나무에서 떨어진 과일
- **견과**(堅단단할 견 果)
껍질이 단단한 과일
- **과실**(果 實열매 실)
과일나무의 열매
- **과실수**(果 實 樹)
과일나무

나무에서 떨어진 과일은 맛도 떨어져요. 이런 과일을 뭐라고 할까요? (   )

① 낙과   ② 견과   ③ 사과   ④ 결과

정답은 ①번 낙과예요. 낙과(落果)는 대개 떨어지면서 상처가 많이 나고, 또 덜 익은 것들도 많아 맛이 없어요.
떨어져도 끄떡없는 과일도 있어요. 바로 견과예요. 견과(堅果)는 껍질이 단단한 과일을 말하거든요. 호두, 도토리, 밤은 단단한 껍질에 싸여 있는 견과류의 과일이에요.
과일은 나무의 열매들이에요. 그래서 '열매 실(實)'을 붙여 과실(果實)이라고도 해요. 과일나무는 과실수라고도 하지요.

🔔 수정과
과일을 설탕에 졸여서 만든 것을 정과(正갖출 정 果)라고 해요. 수정과(水물 수 正果)는 정과를 물에 우려내서 국물을 먹는 거예요. 우리의 전통 음료수지요.

🔔 이런 말도 있어요
과단(果斷)은 용기 있게 딱 잘라 결정을 내린다는 뜻이에요.
과일을 단칼에 자르는 것처럼 말예요. 과감(果敢)은 굳세고 용감하다는 뜻이에요.
- **과단**(果과일 과 斷자를 단) 과일을 자르듯이 용기 있게 딱 잘라 결정하는 것
- **과감**(果결단력 있을 과 敢용감할 감) 굳세고 용감한 것

식물이 열매를 맺듯이 사람도 열매를 맺을 수 있어요. 사람이
한 일이 맺는 열매를 결과(結果)라고 해요.

果	결과 **과**

■ **결과**(結맺을 결 果)
사람이 한 일이 맺는 열매

■ **성과**(成이룰 성 果)
어떤 일을 한 결과로 이루어 낸
것

■ **인과**(因원인 인 果)
원인과 결과

> 문제도 안 풀면서 왜
> 시험지를 안 내지?

> 참고 견뎌 내면 좋은
> **결과**가 있다고 해서……

결과는 어떤 일 끝에 생겨나는 것을 말해요.
다음 중 결과와 비슷한 말이 뭘까요? (　　)

① 건과　　　② 견과　　　③ 성과　　　④ 전과

정답은 ③번 성과예요. 성과(成果)는 어떤 일을 한 결과로 이루
어 낸 것을 말해요. 일종의 보람 같은 거지요.
어떤 일의 결과에는 반드시 원인이 있어요. 원인(原因)은 근본
이 되는 이유라는 뜻이에요. 숙제를 안 해 가면 선생님께 혼나
잖아요. 숙제를 안 해 간 것은 원인, 혼난 것은 결과예요. 이 원
인과 결과를 합쳐서 인과(因果)라고 불러요.

🔔 **전과**

전과(戰싸울 전 果)는 싸움의 성
과를 말해요. 전과가 높은 군인
은 훈장을 받지요.

🔔 **인과관계**

원인과 결과 사이의 관계를 말
해요. 인과관계를 밝혀냈다는
것은, 어떤 원인이 어떤 결과를
가져왔는지 알아냈다는 뜻이에
요.

🔔 **이런 말도 있어요**

인과응보(因果應報)는 원인과 결과가 서로 답한다는
말이에요. 〈흥부전〉에서 착한 행동을 한 흥부는 부자가
되었지요? 착한 행동이 원인이고, 부자가 된 것이 결과
예요. 이런 게 인과응보예요. 인과응보는 좋은 행동은
좋은 결과를 가져오고, 나쁜 행동은 나쁜 결과를 가져
온다는 말이에요.

■ **인과응보**(因원인 인 果결과 과 應마땅히 응 報답할 보) 원인과 결과가 서로 답하는 것

> 윽!
> 껌 밟았어.

> 아무 데나
> 껌 뱉고 다니더니
> **인과응보**네.

'뽀샵'? 포토샵으로 사진을 손질했다는 뜻의 인터넷 유행어예요. 그렇게 하면 사진이 실물보다 훨씬 멋져 보이지요. 이걸 '뽀샵 효과'라고 해요.

이처럼 효과(效果)는 어떤 일을 해서 생기는 좋은 결과를 말해요. 어떤 낱말의 앞이나 뒤에 '효과'라는 말이 붙으면 모두 좋은 결과가 생기게 하려는 것으로 보면 돼요.

빈칸을 채우면서 어떤 '효과'들이 있는지 볼까요?

조명을 비추어 좋은 결과를 얻으려면 조명 효과,

컴퓨터 그래픽 같은 특수한 방법으로 좋은 결과를 얻으려면 특수 □□,

여러 가지 소리로 좋은 결과를 얻으려면 음향 □□를 쓰지요.

음향 효과를 내기 위해 쓰이는 소리는 □□음이라고 해요.

화장을 하면 화장하지 않을 때보다 더 예뻐요.

화장이 가진 이런 효과를 '화장발'이라고 해요.

조명의 효과는 '조명발', 사진의 효과는 '사진발', 약의 효과는 '약발'이라고 하지요.

효과(效보람 효 果)
어떤 일을 해서 생기는 좋은 결과

조명 효과
조명을 비추어 생기는 좋은 결과 = 조명발

특수 효과
컴퓨터 그래픽 같은 특수한 방법을 통해 생기는 좋은 결과

음향 효과
여러 가지 소리로 생기는 좋은 결과

효과음
음향 효과를 내기 위해 쓰이는 소리

화장 효과
화장을 통해 실제보다 더 예뻐 보이는 것 = 화장발

사진 효과
사진을 통해 실물보다 더 좋아 보이는 것 = 사진발

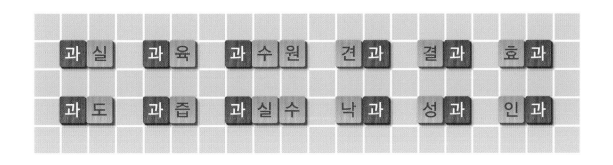

과실	과육	과수원	견과	결과	효과
과도	과즙	과실수	낙과	성과	인과

果
열매 과

과수원

과도

사과 밭

과육

과즙

건과

낙과

견과

과실

과실수

수정과

결과

1 주어진 한자를 따라 쓰세요.

| 실 | | | | | | 성 |
| 즙 | 수 원 | 果 | 인 응 보 | | 인 |

열매 과

2 어떤 낱말에 대한 설명인지 쓰세요.

1) 나무에서 떨어진 과일 ➡ ☐☐

2) 껍질이 단단한 과일 ➡ ☐☐

3) 어떤 일을 한 결과로 이루어 낸 것 ➡ ☐☐

4) 컴퓨터 그래픽 같은 특수한 방법을 통해 생기는 좋은 결과 ➡ ☐☐
☐☐

3 알맞은 낱말을 찾아 문장을 완성하세요.

1) 한 달 동안 열심히 일한 삼촌은 기대 이상의 ☐☐ 를 얻었다고 기
뻐하셨어.

2) 공포 영화는 음향 ☐☐ 때문에 더 무서운 것 같아.

3) 아이스크림을 그렇게 먹더니, 그 ☐☐ 가 배탈이구나.

4) 감나무가 많이 있는 ☐☐☐ 에서 감 따기 체험을 했어.

4 문장에 어울리는 낱말을 골라 ○표 하세요.

1) 밤, 호두, 잣, 땅콩 등은 딱딱한 열매니까 (견과 / 낙과)야.

2) 난 (과육 / 과즙)이 씹히는 음료수가 좋아.

3) 며칠 전 개봉한 SF 영화의 (인과관계 / 특수 효과)가 대단하대.

4) 오래 두고 먹을 수 있게 말린 과일은 (견과 / 건과)야.

성과
인과
전과
인과관계
인과응보
효과
조명 효과
특수 효과
음향 효과
효과음
화장 효과
사진 효과

5 그림을 보고, 알맞은 낱말을 쓰세요.

1)

2)

6 그림을 보고, 알맞은 낱말을 쓰세요.

實
열매 실

밭에서 난다고 다 과실은 아니지!

과실 바구니를 선물로 가져왔어.

밭에서 나는 건다 과실 아냐?

현미, 보리, 콩? 이게 잡곡이지 과실이냐!

'과실'과 다른 말은 무엇일까요? (   )

① 열매   ② 과일   ③ 실과   ④ 채소

정답은 ④번 채소예요. 과실(果實)은 사과, 배, 복숭아같이 사람이 과일나무의 열매를 가리키는 말이에요. '과일'과 '실과'도 같은 말이지요. 과일은 주로 나무에서 나는 열매를 말해요. 토마토가 과일이 아니고 채소인 것은 그 때문이죠. 이렇게 실(實)은 '열매'를 뜻해요. 매실(梅實)은 매화나무의 열매예요. 그럼 매실로 술을 담그면? 바로 매실주가 되지요.

이건 왜 결실을 맺지않아요?

아직 어리잖아!

열매를 맺는 것은 결실(結實), 먹을 수 있는 열매를 맺는 나무는 유실수(有實樹)예요.

목화씨는 면실(棉實)이라고 하고, 목화씨에서 짜낸 기름을 면실유라고 해요. 실(實)에는 이렇게 '씨'라는 뜻도 있어요.

實 | 열매 실

■ 과실(果열매 과 實)
과일나무의 열매 = 과일 = 실과

■ 매실(梅매화나무 매 實)
매화나무의 열매

■ 매실주(梅實 酒술 주)
매실로 담근 술

■ 결실(結맺을 결 實)
열매를 맺는 것

■ 유실수
(有있을 유 實 樹나무 수)
먹을 수 있는 열매를 맺는 나무

實 | 씨 실

■ 면실(棉목화 면 實)
목화씨

■ 면실유(棉實 油기름 유)
목화씨에서 짜낸 기름

104

■ **실록**(實 錄기록할 록)
왕들의 일을 사실 그대로 기록
한 것

■ **사실**(事일 사 實)
실제로 있었던 일

■ **현실**(現나타날 현 實)
눈앞에 나타나 있는 사실

■ **현실성**(現實 性성질 성)
현실이 될 법한 성질 / 실제로
그럴 수 있는 것

■ **실태**(實 態모양 태)
있는 그대로의 상태

■ **실태 조사**(實 態 調조사할 조
査조사할 사)
있는 그대로의 상태를 조사하
는 일

■ **실태 보고**(實 態 報알릴 보
告알릴 고)
실태를 말이나 글로 알리는 일

우리가 쓰면 일기지만, 왕들의 일을 적어 놓으면 실록이 돼요.
실록(實錄)은 왕이 한 말이나 행동을 있는 사실 그대로 기록한
것을 말해요. 우리가 알고 있는 조선의 왕을 떠올리며 빈칸을
채워 볼까요?
세종 ☐☐, 영조 ☐☐, 정조 ☐☐ ….
실록은 사실(事實)을 있는 그대로 적었어요. 역사를 자기 마음
대로 꾸며서 쓰면, 지어낸 이야기인 소설과 다를 바가 없겠지
요.

다음 중 '현실성'이 있는 말은 무엇일까요? (　　)

① 달에서 토끼가 떡방아를 찧고 있어요.
② 빛은 1초에 지구를 7바퀴 반을 돌 수 있어.
③ 동해 용왕이 토끼 간을 먹고 힘을 얻었다지?

정답은 ②번이에요. 현실(現實)은 지금 눈앞에 나타나
있는 사실을 말해요. 현실성(現實性)은 현실이 될 법
한 성질, 실제로 그럴 수 있는 것을 가리키지요.
실태(實態)란 있는 그대로의 상태를 말해요.
뜻을 생각하면서 빈칸을 채워 보세요.
있는 그대로의 상태를 조사하는 깃은? ☐태 조사.
실태를 말이나 글로 알려 주는 것은? ☐태 보고.

實 실제 실

- **실기**(實 技기술 기)
  실제의 능력이나 기술
- **실리**(實 利이익 리)
  실제로 얻는 이익
- **실명제**(實 名이름 명 制제도 제)
  실제의 자기 이름을 쓰게 하는
  제도
- **실물**(實 物물건 물)
  실제로 보이는 물건이나 사람
- **실험**(實 驗시험할 험)
  실제로 시험해 보는 것
- **실학**(實 學학문 학)
  실제 생활에 도움이 되는 학문

위 그림의 빈칸에 들어갈 말은 무엇일까요? (   )

① 실망   ② 실기   ③ 실수   ④ 실태

정답은 ②번. 실기(實技)는 실제의 능력이나 기술을 말해요. 요리 관련 책을 많이 읽고 운동 이론을 잘 알고 있더라도, 실제로 요리나 운동을 잘한다는 보장은 없지요. 실기는 몸으로 익히는 게 중요하거든요.

'실제', '진짜'라는 뜻의 실(實)을 생각하면서 빈칸을 채워 봐요.

실제로 얻는 이익은? ☐리

실제의 자기 이름을 쓰게 하는 제도는? ☐명제

실제로 보이는 물건이나 사람은? ☐물

실제로 시험해 보는 것은? ☐험

빈칸에는 모두 '실(實)'이 들어가요. '실명'의 반대말이, 남의 이름을 빌린다는 뜻의 '차명(借名)'이라는 것도 알아 두세요.

그렇다면 실제 생활에 도움이 되는 학문을 가리키는 말은 무엇일까요?

바로 실학이에요. 실학(實學)은 17~18세기에 조선 시대 선비들이 백성들의 생활에 실제로 도움이 되는 학문과 기술에 관심을 보이면서 생겨났어요.

🔔 **차명**

차명(借빌릴 차 名이름 명)은 실명의 반대말로, 남의 이름을 빌려 쓰는 것을 말해요.

🔔 **실탄**

실제의 탄알을 실탄(實 彈탄알 탄)이라고 하지요.

🔔 **실화**

실화(實 話이야기 화)는 실제로 있었던 이야기를 말하죠.

실현(實現)
실제로 이루는 것

實 참될 실

성실(誠정성 성 **實)**
정성스럽고 참된 것

불성실(不아닐 불 **誠實)**
성실하지 않은 것

위 그림의 밑줄 친 말을 한 낱말로 바꾸면 무엇일까요? (　　　)

① 실현　　　② 희망　　　③ 실천　　　④ 기쁨

정답은 ① 실현이지요. 실현(實現)은 실제로 이루는 것을 말해요. 꿈은 성실하게 노력하지 않으면 실현될 수 없지요. 성실(誠實)은 정성스럽고 참되다는 말이에요. 반대말은 불성실이지요. 늦잠을 자거나 숙제를 안 하면 불성실하다는 소리를 듣게 되지요.

實 충실할 실

부실(不아닐 부 **實)**
충실하지 않은 것

내실(內안 내 **實)**
속이 충실한 것 / 속이 꽉 찬 것

🔔 **실천**
생각한 것을 실제로 행하는 것은 실천(實실제 실 踐이행할 천)이라고 하지요.

🔔 **절실**
절실(切간절할 절 實참될 실)은 참으로 간절하게 바라는 마음을 가리키는 말이에요.

'겉으로 멀쩡하던 건물이 와르르 무너졌어요. □□ 공사를 했거든요.'라는 문장에서 빈칸에 들어갈 말은 무엇일까요? (　　　)

① 내실　　　② 부실　　　③ 성실　　　④ 정실

정답은 ② 부실(不實)이에요. 충실하지 않다는 말이지요. 내실(內實)은 속이 충실한 거예요. 과일 속이 꽉 찬 것처럼 말이죠.

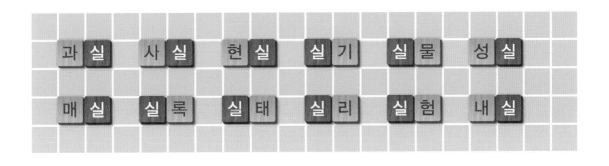

열매 실

과실

매실

매실주

결실

유실수

면실

면실유

실록

사실

현실

현실성

실태

실태 조사

실태 보고

실기

실리

1 주어진 한자를 따라 쓰세요.

결
사
면 유
實
열매 실
태 조 사
록
험

2 어떤 낱말에 대한 설명인지 쓰세요.

1) 과일나무의 열매 ➡ ☐☐

2) 목화씨 ➡ ☐☐

3) 현실이 될 법한 성질 / 실제로 그럴 수 있는 것 ➡ ☐☐☐

4) 실제로 보이는 물건이나 사람 ➡ ☐☐

5) 열매를 맺는 것 ➡ ☐☐

3 알맞은 낱말을 찾아 문장을 완성하세요.

1) 계획만 세우면 뭘 하니? ☐☐ 을 해야지.

2) 넌 사진보다 ☐☐ 이 훨씬 더 멋지구나.

3) 과학 시간에는 직접 ☐☐ 을 해 보는 것이 좋아.

4) 복숭아 나무에 열린 ☐☐ 이 탐스럽게 잘 익었어.

5) 곧 미술 ☐☐ 시험이 다가와.

4 문장에 어울리는 낱말을 골라 ○표 하세요.

1) 그 끔찍한 이야기가 (실현 / 실화)(이)라니, 믿을 수 없어.

2) 겉으로 멀쩡하던 건물이 와르르 무너졌어. (부실 / 내실) 공사였어.

3) 실제 생활에 도움이 되는 학문을 (실학 / 실험)이라고 해.

4) 매화나무의 열매는 (면실 / 매실)이야.

5) 지난밤의 꿈이 얼마나 (현실 / 성실) 같았는지 몰라.

5 그림을 보고, 알맞은 낱말을 쓰세요.

6 그림을 보고, 밑줄 친 말을 표현한 낱말을 고르세요. (　　)

① 실현　　　　② 실태　　　　③ 실천　　　　④ 실기

| 실명제 |
| 실물 |
| 실험 |
| 실학 |
| 차명 |
| 실탄 |
| 실화 |
| 실현 |
| 성실 |
| 불성실 |
| 부실 |
| 내실 |
| 실천 |
| 절실 |

불을 뿜는 산, 화산

화산은 '불 화(火)'와 '뫼 산(山)'이 합쳐진 말로 '불을 뿜는 산'이
라는 뜻이에요. 여기서 불은 마그마를 말해요. 마그마는 땅속의
뜨거운 열에 바위나 돌이 녹아 있는 것인데, 땅 밖으로 나올 땐
어마어마한 불덩이가 폭발하는 것처럼 보여요.

화산 분출과 관련된 낱말

화산재, 화산진 등 화산에서 분출되는 여러 가지 물질을 가리키
는 낱말 앞에는 '화산'을 붙여 써요.
땅속 마그마가 산을 뚫고 뿜어져 나오는 것을 분출이라고 하는
데, 이때 분출되는 구멍이 분화구이지요. 불을 뿜는 구멍이라는
뜻이에요.
화산이 터지면 분화구에서 기체, 액체, 고체 물질이 모두 나와요.
화산 활동으로 나오는 기체 물질은 화산 가스, 액체 물질은 용
암이에요. 마그마가 분출되어 물처럼 흐른다고 해서 용암이라
는 이름이 붙여졌어요.
고체 물질을 알아볼까요? 자질구레한 물질이라는 뜻을 가진 '쇄
설물'을 붙여서 화산 쇄설물이라고 불러요.

火	山
불 화	뫼 산

불을 뿜는 산
[과학] 마그마가 땅거죽을 뚫고
나와서 생긴 산

분출(噴 뿜을 분 出 날 출)
뿜어져 나오는 것

분화구(噴 火 口 입 구)
불을 뿜는 구멍
[과학] 화산이 폭발할 때 용암
이나 가스가 나오는 구멍

화산 가스(火山 gas)
화산에서 분출하는 가스

용암(鎔 녹일 용 巖 바위 암)
녹은 바위
[과학] 화산의 분화구에서 분출
된 마그마

화산 쇄설물(火山 瑣 자질구
레할 쇄 屑 가루 설 物 물건 물)
화산이 분출할 때 나오는 자질
구레한 물질

크기가 티끌같이 작은 화산진, 연탄재 정도 크기의 화산재, 탄
알처럼 좀 더 크고 둥근 화산탄이 화산 쇄설물들이에요.
티끌같이 아주 작은 화산진은 지구 밖으로 나가기도 한대요.

화산 폭발과 관련된 낱말

화산은 용암이 흘러서 굳은 모
양에 따라 이름을 붙여요.
엎어놓은 방패처럼 생겼다고
해서 순상 화산, 산꼭대기가 종

모양처럼 생겼다고 해서 종상 화산, 용암과 화산 쇄설물이 층층
이 쌓인 모양이라고 해서 성층 화산.
화산의 모양은 다르지만, 모두 화산 폭발이 만들어 낸 것들이에요.
화산의 분화구가 막히면 꼭대기에 물이 고여서 호수가 생겨요.
호수의 '호'를 붙여서 화구호라고 해요. 한라산의 백록담이 대표
적인 화구호지요. 또 화산이 폭발할 때에 분화구가 무너지고 꺼
지면서 우묵해지는데, 이곳이 칼데라예요. 칼데라는 냄비라는
뜻이에요. 여기에 물이 고이면 칼데라호라고 부르지요. 백두산
의 천지가 칼데라호예요. 우리나라를 대표하는 아름다운 자연
인 백두산 천지와 한라산 백록담이 어떻게 만들어졌나 했는데,
화산 폭발 덕분이었네요.
호수뿐만 아니라 화산이 폭발한 뒤 오랜 시간이 지나면 동굴이
나 섬도 생겨난답니다.

■ **화산진**(火山 塵티끌 진)
화산 쇄설물 가운데 크기가 티
끌같이 아주 작은 것

■ **화산**(火山)**재**
화산 쇄설물 가운데 연탄재 정
도 크기의 알갱이

■ **화산탄**(火山 彈탄알 탄)
화산 쇄설물 가운데 탄알처럼
좀 더 크고 둥근 것

■ **순상 화산**(楯방패 순 狀형상
상 火山)
방패 모양의 화산

■ **종상 화산**
(鐘종 종 狀 火山)
종 모양의 화산

■ **성층 화산**
(成이룰 성 層층 층 火山)
층을 이룬 모양의 화산

■ **화구호**(火口 湖호수 호)
화산의 분화구가 막혀 물이 괸
호수

■ **칼데라**(caldera)
화산이 폭발할 때에 분화구가
무너지고 꺼지면서 우묵해진 곳

■ **칼데라호**(caldera 湖)
칼데라에 물이 고여 이루어진
호수

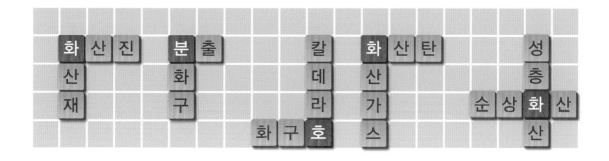

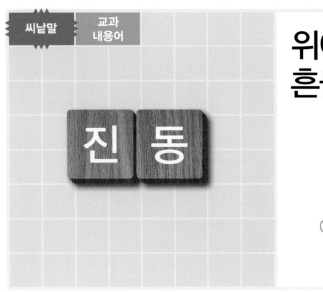

위아래로, 앞뒤로 흔들리는 진동

진동과 파동은 즐거워!

파도와 시계추의 공통점은 무엇일까요? 네, 끊임없이 위아래로, 좌우로, 앞뒤로 왔다 갔다 한다는 것이죠. 시계추처럼 줄 끝에 추를 달아 왔다 갔다 하게 만든 물건이 진자(振子)예요. 진자처럼 흔들려서 움직이는 것을 진동이라고 해요. '떨 진(振)'과 '움직일 동(動)'이 합쳐진 말이지요.

진동의 뜻이 담긴 말, 말, 말!

진자 같은 물체가 진동하는 것을 진자 운동이라고 해요.
진자 운동은 과학 시간에 하는 활동에서 확인할 수 있어요. 진자 운동을 이용한 놀이 기구도 우리 주변에 많이 있어요. 놀이터의 그네나 놀이동산의 바이킹 등이 그 대표예요.
놀이 기구처럼 일정한 모양으로 흔들리며 진동이 전달되는 것을 모두 파동이라고 해요. 물결처럼 움직인다는 뜻이에요. 이렇게 '파(波)'가 들어 있는 낱말은 그 움직임이 파도와 닮았답니다.
파도처럼 눈에 보이지 않지만요.
라디오나 텔레비전을 켜는 전류의 파동은 전파,
소리가 울려 퍼질 때에 생기는 파동은 음파,

振 떨 진　　**動** 움직일 동

흔들려 움직이는 것

- **진자**(振子 물건 자)
시계추처럼 줄 끝에 추를 달아 왔다 갔다 하게 만든 물건
- **진동**(振 動 움직일 동)
흔들려 움직이는 것
- **진자 운동**(振子 運 움직일 운 動)
진자 같은 물체가 진동하는 것
- **파동**(波 물결 파 動)
진동이 일정한 모양으로 흔들리며 전달되는 것
[과학] 물결이나 소리, 빛이 차츰 주위로 퍼져 가는 것
- **전파**(電 번개 전 波)
전류의 파동
- **음파**(音 소리 음 波)
소리가 울려 퍼질 때에 생기는 파동

112

음파 중에 사람이 들을 수 있는 범위를 넘은 음파는 초음파예요. 박쥐나 고래 같은 동물만 들을 수 있다고 하죠.

진동하는 방향에 따라 파동의 이름이 달라요. 파동이 앞뒤로 진동하면서 옆으로 전달하면 종파라고 해요. 가로로 종단하듯이 진동한다는 뜻이지요.

반대로 파동이 물결처럼 위아래로 진동하면서 옆으로 전달되면 위아래로 횡단하듯이 진동한다고 해서 횡파라고 해요. 횡파의 '횡'은 '횡단보도'에 쓰인 '횡'과 같아요. 횡단보도를 건널 때도 차가 다니는 방향을 가로질러 횡단한다고 하잖아요.

진동은 단위로도 나타낼 수 있답니다. "96메가헤르츠입니다." 라디오를 듣다 보면 이런 말이 종종 나와요. 무슨 뜻일까요?

헤르츠(Hz)는 진동수의 단위랍니다. 전파나 음파가 1초 동안 몇 번 진동했는지를 나타내 주는 단위예요. 헤르츠라는 말은 전파 연구에 많은 업적을 남긴 독일의 과학자 헤르츠의 이름에서 따왔다고 하네요.

초음파(超뛰어넘을 초 音波)
사람이 들을 수 있는 범위를 넘은 음파

종파(縱세로 종 波)
종단하는 파동
[과학] 파동의 진행 방향과 진동 방향이 나란한 파동

횡파(橫가로 횡 波)
횡단하는 파동
[과학] 파동의 진행 방향과 진동 방향이 수직인 파동

헤르츠(Hz)
진동수의 단위

진동수(振動 數숫자 수)
일정한 시간 동안 반복되는 진동하는 횟수

🔔 이런 말도 있어요

진동의 폭을 진폭, 파동의 모양이 한 번 반복되는 거리를 파장이라고 해요. 진동하고 있는 물체가 진동의 중심으로부터 가장 멀리까지 움직인 거리를 진폭이라고 해요. 간단히 말하면 진동의 폭, 너비를 말하죠. 수업 시간에 작은 소리로 말할 때는 진폭이 작고, 선생님께서 화가 나서 큰 소리를 지르시면 진폭이 크겠죠?

1 공통으로 들어갈 낱말을 쓰세요.

2 주어진 낱말을 넣어 문장을 완성하세요.

1)

화	산	진
산		
재		

크기가 티끌같이 아주 작은 화산 쇄설물은 ☐☐

☐, 연탄재 정도 크기의 것은 ☐☐☐ 야.

2)

		성	
		층	
순	상	화	산
		산	

엎어놓은 방패처럼 생긴 화산은 ☐☐ ☐

☐, 용암과 화산 쇄설물이 층층이 쌓인 모양의

화산은 ☐☐ ☐☐ 이야.

3 문장에 어울리는 낱말을 골라 ○표 하세요.

1) 한라산 백록담은 대표적인 (화구호 / 화산재)야.

2) 백두산 천지는 화산이 폭발할 때에 분화구가 무너지고 꺼지면서 우묵해

진 곳에 물이 고인 (칼데라호 / 화구호)야.

3) 화산이 폭발할 때에 탄알처럼 둥근 (화산가스 / 화산탄)도 나와.

4 예문에 어울리는 낱말을 써넣으세요. [과학]

화산이 분출할 때는 휘발하기 쉬운 기체 물질인 ☐☐ ☐

☐, 액체 물질인 물처럼 흐르는 ☐☐, 고체 물질인 화산탄,

화산진, 화산재 등의 ☐☐ ☐☐☐ 이 나온다.

| 화산 |
| 분출 |
| 분화구 |
| 화산 가스 |
| 용암 |
| 화산 쇄설물 |
| 화산진 |
| 화산재 |
| 화산탄 |
| 순상 화산 |
| 종상 화산 |
| 성층 화산 |
| 화구호 |
| 칼데라 |
| 칼데라호 |

씨낱말
블록 맞추기

진 동

1 [보기]의 낱말과 관련이 있으며, 진자처럼 흔들려서 움직이는 것을 뜻하는 낱말을 쓰세요.

보기	전 파	음 파
	종 파	진 폭

☐☐

2 주어진 낱말을 넣어 문장을 완성하세요.

1)
전	파
	동

진동이 일정한 모양으로 흔들리며 전달되는 것은 ☐ ☐ , 전류의 파동은 ☐☐이다.

2)
	횡
종	파

파동의 진행 방향과 진동 방향이 나란한 파동은 ☐ ☐ , 파동의 진행 방향과 진동 방향이 수직인 파동은 ☐☐이다.

3)
진	동	수
자		

시계추처럼 줄 끝에 추를 달아 왔다 갔다 하게 만든 물건은 ☐☐ , 일정한 시간 동안 반복되는 진동의 수는 ☐☐☐이다.

4)
초	음	파
	파	

소리가 울려 퍼질 때에 생기는 파동은 ☐☐ , 사람이 들을 수 있는 범위를 넘은 음파는 ☐☐☐.

3 문장에 어울리는 낱말을 골라 ○표 하세요.

1) 놀이터의 그네도 (진자 / 진폭) 운동을 하는 놀이기구예요.
2) 라디오나 텔레비전은 (음파 / 전파)를 이용한 기기예요.
3) 깊은 바닷속에서도 (초음파 / 주파수)를 이용해 물고기를 찾아요.
4) 방송국마다 주파수의 단위인 (헥타르 / 헤르츠)가 달라요.

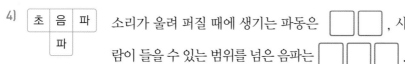

진자

진동

진자 운동

파동

전파

음파

초음파

종파

횡파

헤르츠

진동수

진폭

파장

아주 먼 옛날에는 자기가 가지고 있는 물건을 팔아서 필요한 물건을 사기도 했어요. 처음에는 조가비, 짐승의 가죽, 보석, 옷감, 농산물 등을 이용했어요. 하지만 번거로움과 어려움에 점차 금, 은, 동 등의 금속이나 종이를 이용하게 되었답니다. 바로 화폐라는 것이지요. 화폐란 재화 화(貨)와 화폐 폐(幣)를 합친 말로 물건을 사고팔 때 물건 값으로 주고받는 종이나 쇠붙이로 만든 돈을 말해요.

화폐의 종류를 나타내는 낱말

화폐의 '화'는 돈을 포함한 값비싼 물건을 뜻해요. 비슷한 말은 재화인데 우리의 필요를 만족시켜 주는 모든 물건이란 뜻이지요. 그래서 낱말의 끝에 '화'가 붙으면 돈을 가리키는 경우가 많아요. 한 나라에서 두루 쓰고 있는 돈은 통화, 한 나라에서 실제로 쓰이고 있는 돈의 양을 통화량이라고 해요.

외국의 돈은 외화, 미국의 돈은 달러(달러화), 일본의 돈은 엔화, 유럽 연합의 돈은 유로(유로화), 금으로 만든 돈은 금화, 은으로 만든 돈은 은화이지요.

貨 재화 화	幣 화폐 폐

물건을 사고팔 때 물건 값으로 주고받는 종이나 쇠붙이로 만든 돈

■ **재화**(財재화 재 貨)
우리의 필요를 만족시켜 주는 모든 물건 / 재물

■ **통화**(通통할 통 貨)
한 나라에서 두루 쓰고 있는 돈

■ **통화량**(通 貨 量양 량)
한 나라에서 실제로 쓰이고 있는 돈의 양

■ **외화**(外외국 외 貨)

■ **달러 / 달러화**(貨)

■ **엔 / 엔화**(貨)

■ **유로 / 유로화**(貨)

■ **금화**(金금 금 貨)

■ **은화**(銀은 은 貨)

아주 옛날에는 화폐를 만들 때에 값비싼 금속을 사용했어요. 그런데 금은 값이 비쌌기 때문에 그보다 싼 은을 많이 사용했지요. 그래서 돈과 관련된 낱말들에 은(銀)이 많이 붙어요. 돈을 맡아 주거나 빌려주는 기관을 가리키는 말인 은행도 은(銀)이 들어간 낱말이랍니다.

화폐의 종류에는 크게 주화와 지폐가 있어요. 주화란 쇠붙이를 녹여 만든 화폐를 말해요. 백 원, 오백 원짜리 동전이 주화예요. 지폐란 종이로 만든 화폐를 말해요. 천 원, 오천 원, 만 원짜리 지폐, 신사임당이 그려진 오만 원짜리 지폐가 있지요.

돈을 만드는 곳을 나타내는 낱말

그럼 돈은 어디에서 만들까요? 한 나라의 돈을 관리하는 은행인 중앙은행이에요. 나라마다 중앙은행이 있지요. 우리나라의 중앙은행은 한국은행이에요.

한국은행에서는 우리나라의 돈을 만들거나 정부와 은행에 돈을 빌려주는 일을 해요. 그래서 은행의 은행이라고 부르지요.

한편 실제로 화폐를 만드는 것은 조폐라고 해요. 우리나라의 화폐를 제작하는 곳은 한국 조폐 공사라는 곳인데, 조폐 공사라고 줄여 말하기도 해요. 이곳에서 정부의 감독 아래 돈을 만드는 것이죠.

■ **은행**(銀 行갈행)
돈을 맡아 주거나 빌려주는 기관

■ **주화**(鑄쇠불릴주 貨)
쇠붙이를 녹여 만든 화폐

■ **지폐**(紙종이지 幣)
종이로 만든 화폐

■ **중앙은행**
(中가운데중 央가운데앙 銀 行)
한 나라의 돈을 관리하는 은행

■ **한국은행**
(韓한국한 國나라국 銀行)
우리나라의 돈을 만들거나 정부와 은행에 돈을 빌려주는 일을 하는 우리나라의 중앙은행

■ **조폐**(造만들조 幣)
화폐를 만드는 것

■ **조폐 공사**
(造 幣 公관청공 社단체사)
우리나라의 화폐를 제작하는 곳, '한국 조폐 공사'의 준말

"소비는 신중하게 해야 합니다."라는 말에서 소비는 무슨 뜻일까요?
사라질 소(消)와 쓸 비(費)를 합쳐 만든 낱말로, 써서 사라지게 했다는 뜻이지요. 무엇을 써서 사라지게 만들까요? 돈이나 물건, 시간 등이랍니다.

없어지고 사라지는 소(消)

과소비는 돈이나 물건 등을 지나치게 소비하는 것을, 소비자는 돈이나 물건 등을 써서 없애는 사람을 말해요. 그리고 소비재란 말이 있는데, 써서 사라지는 재화로 일상생활에서 직접 소비하는 재화를 가리켜요.
'소'가 '사라지다'라는 뜻으로 쓰인 낱말들을 살펴볼게요.
먼저 어떤 것을 잃는 것이나 어떤 것이 없어지는 것을 가리켜 소실이라고 해요. "전쟁 때문에 많은 문화재가 소실되었습니다."라고 쓸 수 있어요. 이와 비슷한 말로 소진이 있어요. 소진이란 점점 줄어들어 다 없어지는 것이란 뜻으로 "사은품이 모두 소진되었습니다."처럼 쓰여요.

消 사라질 소	費 쓸 비
돈, 물건, 시간 등을 써서 사라지게 하는 것	

- **과소비**(過넘칠 과 消費)
돈이나 물건 등을 지나치게 소비하는 것

- **소비자**(消費 者사람 자)
돈이나 물건 등을 써서 없애는 사람

- **소비재**(消費 財재화 재)
써서 사라지는 재화 / 일상생활에서 직접 소비하는 재화

- **소실**(消 失잃을 실)
어떤 것을 잃는 것이나 어떤 것이 없어지는 것

- **소진**(消 盡다할 진)
점점 줄어들어 다 없어지는 것

문제를 풀어서 없애는 경우에도 '소'가 쓰여요. 해소처럼요. '교통난 해소.'란 표현처럼 곤란한 형편이나 어려운 문제를 풀어서 사라지게 하는 것을 해소라고 해요.

또 불을 없애는 경우에도 '소'가 사용되어요. 불을 끄는 일이나 불이 나지 않게 막는 일을 가리키는 소방이 그것이지요. 소방 일을 맡아보는 기관은 소방서, 그런 일을 하는 사람은 소방관이란 것은 모두 알고 있는 말이죠?

돈을 쓰는 비(費)

'비'가 들어가면 대부분 돈과 관련 있는 말이 돼요.

어떤 일을 하는 데에 드는 돈을 □용,

비용과 비슷한 뜻의 말로 경□가 있어요.

살아가는 데에 드는 비용인 생활□, 먹는 데에 드는 비용인 식□, 식사를 공급하는 데에 드는 비용인 급식□, 여행하는 데에 드는 비용인 여□, 사람을 부리는 데에 드는 비용인 인건□도 있어요.

그런데 '비'가 들어가는 말 중의 하나로 시간이나 돈을 헛되이 헤프게 쓰는 것은 낭비라고 해요. 낭비는 돈뿐만 아니라 시간이나 노력과도 관계되는 낱말로 '시간 낭비', '사치와 낭비'처럼 쓰여요. 낭비와 비슷한 말로는 헛되이 쓰는 것을 뜻하는 허비가 있어요. 우리 모두 시간과 돈을 허비해서는 안 되겠죠?

- **해소**(解풀 해 消)
  곤란한 형편이나 어려운 문제를 풀어서 사라지게 하는 것
- **소방**(消 防막을 방)
  불을 끄는 일이나 불이 나지 않게 막는 일
- **소방서**(消防 署관청 서)
  소방 일을 맡아보는 기관
- **소방관**(消防 官벼슬 관)
  소방 일을 하는 사람
- **비용**(費 用쓸 용)
- = **경비**(經다스릴 경 費)
  어떤 일을 하는 데에 드는 돈
- **생활비**(生살 생 活살 활 費)
- **식비**(食먹을 식 費)
- **급식비**(給줄 급 食費)
- **여비**(旅나그네 여 費)
- **인건비**
  (人사람 인 件물건 건 費)
- **낭비**(浪함부로 낭 費)
  시간이나 돈을 헛되이 헤프게 쓰는 것
- **허비**(虛헛될 허 費)
  헛되이 쓰는 것

1 공통으로 들어갈 낱말을 쓰세요.

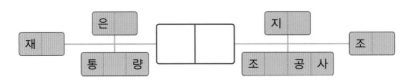

2 주어진 낱말을 넣어 문장을 완성하세요.

1) 금 / 주 화　☐☐ 중 가장 값어치가 높은 것은 ☐☐ 야.

2) 달 러 / 외 화　☐☐ 중 가장 많이 쓰이는 돈이 바로 ☐☐☐ 야.

3) 화 / 지 폐　☐☐ 중 종이로 만든 ☐☐ 가 요즘에는 많이 쓰여.

4) 조 폐 / 폐 / 공 / 사　우리나라 돈의 ☐☐ 는 한국 ☐☐☐☐ 에서 한대.

3 문장에 어울리는 낱말을 골라 ○표 하세요.

1) 일본에서는 (유로화 / 엔화)를 사용해.

2) (은행 / 은화)에 가서 통장을 만들었어.

3) 경제 상황이 좋아지자 (중앙은행 / 통화량)이 많아졌어.

4) 한 나라에서 두루 쓰는 돈은 (통화 / 외화)야.

화폐 / 재화 / 통화 / 통화량 / 외화 / 달러 / 달러화 / 엔 / 엔화 / 유로 / 유로화 / 금화 / 은화 / 은행 / 주화 / 지폐 / 중앙은행 / 한국은행 / 조폐 / 조폐 공사

씨낱말
블록 맞추기

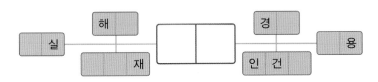

1 공통으로 들어갈 낱말을 쓰세요.

```
      해
실          │        경
      재          │          용
              인 건
```

2 주어진 낱말을 넣어 문장을 완성하세요.

1) 식 / 비 용

여행에 쓴 ☐☐ 중 먹는 데 쓴 ☐☐ 가 가장 적게 들었어.

2) 소 실 / 방 / 관

신고를 받은 ☐☐☐ 이 열심히 불을 껐지만, 안타깝게도 문화재가 모두 ☐☐ 되고 말았습니다.

3 문장에 어울리는 낱말을 골라 ○표 하세요.

1) 철수가 먹는 양이 많아 (식비 / 낭비)가 많이 드네.

2) 스트레스 (소비 / 해소)에 도움이 될 만한 것이 없을까?

3) 에너지가 모두 (소방 / 소진)되면 새롭게 충전을 해야지.

4) 쓸데없이 시간 (낭비 / 여비)하지 말고 시간을 아껴야 해.

4 예문에 어울리는 낱말을 써넣으세요. [사회]

☐☐☐ 가 물건을 구입하고 사용할 때 누릴 수 있는 권리는 법으로 정해져 있다. ☐☐☐ 로서 권리를 누릴 때에는 책임도 다해야 한다. 가격과 품질, 서비스와 같은 정보를 꼼꼼히 살펴보고, 물건에 이상이 없는지도 확인해야 한다.

소비
과소비
소비자
소비재
소실
소진
해소
소방
소방서
소방관
비용
경비
생활비
식비
급식비
여비
인건비
낭비
허비

선사 시대에서 역사 시대까지

나라나 민족, 한 사회가 처음 생겨 지나 온 과정, 또는 그 과정의 기록을 지날 역(歷), 역사 사(史)를 써서 역사라고 해요. 역사를 후대에 알리려면 당시에 있었던 일을 글로 남겨야 했어요. 그래서 역사는 문자가 생긴 이후에 기록한 것을 말한답니다. 역사를 일정한 기준에 따라 구분하는 것을 시대라고 하는데, 역사 시대는 후세가 알 수 있게 문자로 기록을 남긴 시대를 뜻해요. 그러면 문자로 기록을 남길 수 없었던 시대는 뭐라고 할까요? 역사 이전이라는 뜻으로 먼저 선(先)을 붙여 선사 시대라고 해요.

도구에 따른 시대 구분

선사 시대는 석기 시대, 청동기 시대, 철기 시대로 구분해요.
석기를 주로 쓰던 석기 시대는 다시 오래된 석기 시대인 구석기 시대와 새로운 석기 시대인 신석기 시대로 나눌 수 있어요.
구석기 시대에는 돌을 있는 그대로 쓰거나 깨뜨리고 떼어내서 썼고, 신석기 시대에는 돌을 갈아서 만든 도구를 썼어요.
그 이후에는 청동으로 도구를 만들었던 청동기 시대, 철로 도구를 만들었던 철기 시대가 있답니다.

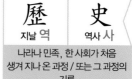

歷	史
지날 역	역사 사

나라나 민족, 한 사회가 처음 생겨 지나 온 과정 / 또는 그 과정의 기록

- **시대**(時시간 시 代시대 대)
  역사를 일정한 기준에 따라 구분하는 것
- **역사 시대**(歷史時代)
- **선사 시대**
  (先먼저 선 史時代)
- **석기 시대**
  (石돌 석 器도구 기 時代)
- **청동기 시대**
  (靑푸를 청 銅구리 동 器時代)
- **철기 시대**
  (鐵쇠 철 器時代)
- **구석기 시대**
  (舊옛 구 石器時代)
- **신석기 시대**
  (新새 신 石器時代)

나라에 따른 시대 구분

역사 시대는 국가를 중심으로 시대를 나눌 수 있어요.

한반도의 역사 시대는 고조선부터 시작되고 이후 고구려, 백제, 신라 세 나라가 있었던 삼국 시대가 있습니다.

삼국 시대는 신라에 의해 삼국 통일이 돼요. 이 시기를 통일 신라 시대라고 하죠. 이후 북쪽에 발해가 생겨나면서 남북국 시대가 되지요. 그런데 통일 신라는 수많은 반란이 일어나서 세 나라로 갈라진답니다. 이때를 후삼국 시대라고 불러요.

그 뒤에 왕건이 후삼국을 통일하고 고려를 건국했어요. 이 시기는 당연히 고려 시대라고 불리지요. 고려가 멸망한 후에는 조선 시대가 시작됐어요.

조선 말기, 일본은 국력이 약해진 조선을 강제로 점령했어요. 일본 침략 후 광복 전까지의 시기를 일제 강점기라고 해요.

그렇다면 광복 이후의 역사, 지금으로부터 가

까운 과거의 시대는 뭐라고 부를까요? 가까울 근(近)을 사용하여 근대라고 부르지요. 반면 지금의 시대는 현대라고 해요.

■ **삼국 시대**

(三석삼 國나라국 時代)

■ **삼국 통일**

(三國 統합칠통 一한일)

■ **통일 신라 시대**(統一 新새신 羅벌라 時代)

■ **남북국 시대**(南남녘남 北북녘북 國時代)

■ **후삼국 시대**

(後뒤후 三國時代)

■ **고려 시대**

(高높을고 麗고울려 時代)

■ **조선 시대**

(朝아침조 鮮고울선 時代)

■ **광복**(光빛광 復다시복)

일본에 빼앗겼던 우리나라를 다시 찾은 것

■ **일제 강점기**(日날일 帝임금제 强강할강 占점령할점 期기간기)

일본 침략 후 광복 전까지의 시기

■ **근대**(近가까울근 代)

■ **현대**(現지금현 代)

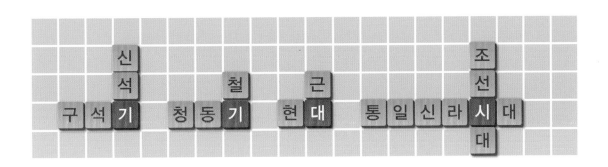

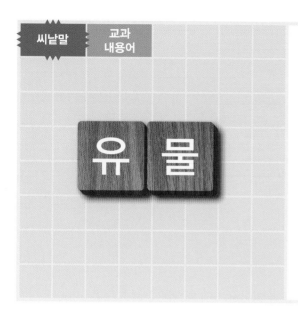

옛사람들이 남긴
유물과 유적

옛사람들이 어떻게 살았는지가 궁금할 때가 있지요?

그럴 때엔 유물이나 유적을 보러 가 보세요. 유물과 유적은 둘 다 남길 유(遺)가 들어가는 낱말로, 유물은 조상이 남긴 물건을 말하고, 유적은 조상이 남긴 자취로 동굴이나 무덤, 건물 같은 것들을 말해요.

석기 시대의 유물과 유적

유물이나 유적은 시대에 따라 다른 모습을 보여요. 석기 시대에는 주먹도끼, 찍개, 찌르개 같은 떼어낸 석기인 뗀석기를 썼어요. 그러다가 사람들은 돌을 깨는 것보다 갈아내는 것이 원하는 모양을 만들기가 더 쉽다는 것을 알게 되었지요. 그래서 갈아낸 석기인 간석기를 만들었어요.

흙으로 빚어 구운 그릇도 유물로 남아 있어요. 토기라고 하는데, 빗살무늬 토기는 신석기 시대의 대표적인 유물이에요.

이러한 유물들은 유적이 있는 곳에서 발견되었어요. 석기 시대 유적지에 가 보면 사람들이 살았던 움집 주변에서 뼈바늘로 만든 옷, 조개껍데기로 만든 장신구 등을 볼 수 있어요.

遺	物
남길 유	물건 물
조상이 남긴 물건	

■ **유적**(遺 跡자취 적)
조상이 남긴 자취

■ **뗀석기**(石 돌 석 器그릇 기)
떼어낸 석기

■ **간석기**(石 器)

■ **토기**(土 흙 토 器)
흙으로 빚어 구운 그릇

■ **빗살무늬 토기**
빗살무늬가 있는 토기

■ **유적지**(遺跡 地땅지)
유적이 있는 곳

■ **움집**
움을 파고 지은 집

청동기 시대와 철기 시대의 유물과 유적

청동기 시대에는 청동으로, 철기 시대에는 철로 도구를 만들었
어요.

청동은 금속의 한 종류로 녹여서 만
들어야 하지요. 물건의 모양을 만든
틀인 거푸집을 사용했어요. 그래서
청동기 시대의 유물은 석기 시대의
것보다 더 예리하고 단단하답니다.

돌을 반달 모양으로 갈아서 만든 반달 돌칼은 곡식 수확용 돌칼
이에요. 또 칼의 모양이 악기의 한 종류인 비파와 닮은 비파형
동검과 칼의 끝이 가는 세형 동검이 있어요.

민무늬 토기는 무늬가 없기 때문에 이름 붙여진 토기고요.

철은 청동보다 훨씬 단단하고 쓸모가 많았어요. 그래서 무기,
생활 도구, 농기구 등에 널리 사용되었지요. 명(明) 자가 적혀
진 칼 모양의 중국 화폐 명도전이 있는데, 이를 통하여 중국과
의 교류가 활발했음을 알 수 있어요.

고인돌은 청동기 시대에 만들어진 무덤으로 크기와 종류가 다양
한 유적이에요. 하지만 철기 시대가 되면서 큰 고인돌은 만들지
않았어요. 대신 흙구덩이를 파서 돌이나 나무로 된 널을 놓고
시체를 묻는 널무덤이나 두세 개의 항아리를 옆으로 이어 관으
로 사용하는 독무덤이 있었답니다.

청동(靑푸를 청 銅구리 동)
구리와 주석, 아연 등을 섞은
금속

거푸집
물건의 모양을 만든 틀

반(半반 반)**달 돌칼**
반달 모양으로 갈아서 만든 곡
식 수확용 돌칼

비파형 동검(枇비파나무 비 杷
비파나무 파 形모양 형 銅剣칼 검)
모양이 악기의 한 종류인 비파
와 닮은 동검

세형 동검(細가늘 세 刑銅
劍)
칼의 끝이 가는 동검

민무늬 토기
무늬가 없는 토기

명도전(明밝을 명 刀칼 도 錢
돈 전)
명(明) 자가 적혀진 칼 모양의
중국 화폐

고인돌
널무덤
독무덤

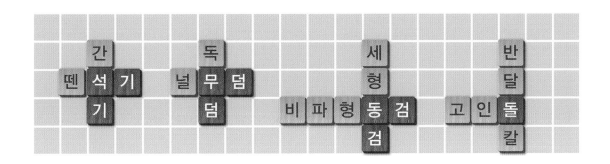

1 설명을 보고, 알맞은 낱말을 쓰세요.

1) 후세가 알 수 있게 문자로 기록을 남긴 시대 →

2) 문자로 기록을 남길 수 없었던 문자 이전의 시대 →

2 주어진 낱말을 넣어 문장을 완성하세요.

신
석
청 동 기

돌을 갈아서 도구를 만들어 쓴 ☐☐☐ 시대를 지나 청동으로 도구를 만들었던 ☐☐☐ 시대가 됐어.

3 문장에 어울리는 낱말을 골라 ○표 하세요.

1) 석기 시대는 돌을 깨뜨리고 떼어내서 쓰는 (구석기 / 신석기) 시대와 돌을 갈아서 도구를 만들어 쓰는 (구석기 / 신석기) 시대로 나뉘어.

2) 일본이 조선을 강제로 점령했던 (조선 시대 / 일제 강점기)에는 많은 독립운동가들이 (광복 / 근대)을(를) 염원하면서 독립운동을 하셨어.

4 예문에 어울리는 낱말을 써넣으세요. [한국사]

기원전 4세기, 중국으로부터 철기라는 새로운 도구가 들어왔다. 이 시기를 ☐☐ ☐☐ 라고 한다. 철은 청동기보다 훨씬 단단하고 쓸모가 많아서 여러 가지 도구가 만들어졌으며, 사람들의 생활은 전보다 윤택해졌다. 특히 ☐☐ ☐☐ 에는 철로 강력한 무기를 만들어 전쟁도 많이 일어났다.

| 역사 |
| 시대 |
| 역사 시대 |
| 선사 시대 |
| 석기 시대 |
| 구석기 시대 |
| 신석기 시대 |
| 청동기 시대 |
| 철기 시대 |
| 삼국 시대 |
| 삼국 통일 |
| 통일 신라 시대 |
| 남북국 시대 |
| 후삼국 시대 |
| 고려 시대 |
| 조선 시대 |
| 광복 |
| 일제 강점기 |
| 근대 |
| 현대 |

1 설명을 보고, 알맞은 낱말을 쓰세요.

1) 조상이 남긴 물건 → ☐☐

2) 과거 인류가 남긴 자취로 동굴이나, 무덤, 건물 같은 것 → ☐☐

2 주어진 낱말을 넣어 문장을 완성하세요.

1)
```
     간
떼  석  기
     기
```
돌에서 떼어낸 석기는 ☐☐☐, 돌을 갈아낸 석기는 ☐☐☐야.

2)
```
          세
          형
비  파  형  동  검
          검
```
청동기 시대에는 비파와 닮은 ☐☐과 칼의 끝이 가는 ☐☐☐도 나타났어.

3)
```
     독
널  무  덤
     덤
```
철기 시대에는 흙구덩이를 파서 돌이나 나무로 된 널을 놓고 시체를 묻는 ☐☐☐과 두세 개의 항아리를 옆으로 이어 관으로 사용하는 ☐☐☐이 있었어.

3 문장에 어울리는 낱말을 골라 ○표 하세요.

1) 중국에는 칼 모양의 화폐 (명도전 / 거푸집)이 있었어.

2) 석기 시대 사람들은 돌을 떼어서 (간석기 / 뗀석기)를 만들었어.

3) 석기 시대의 대표적인 (유물 / 유적)은 움집이야.

유물
유적
뗀석기
간석기
토기
빗살무늬 토기
유적지
움집
청동
거푸집
반달 돌칼
비파형 동검
세형 동검
민무늬 토기
명도전
고인돌
널무덤
독무덤

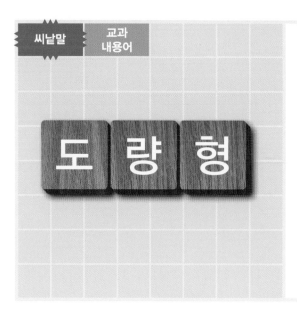

이것저것 재는 기준은 도량형

온갖 것 다 재드립니다.

"너 몸무게가 얼마니?" 하고 묻는 친구에게 "좀 많아."라고 대답하나요?

몸무게를 수로 나타낼 때에는 킬로그램 같은 기초가 되는 일정한 단위가 필요해요. 다시 말하면 길이, 부피, 무게를 재는 단위와 기구가 필요한 것이죠.

이것을 두루 가리켜서 도량형이라고 해요. 도(度)는 길이를 재는 자, 량(量)은 부피를 재는 되, 형(衡)은 무게를 재는 저울을 뜻하지요.

길이와 부피를 재는 도량(度量)

길이는 한 끝에서 다른 끝까지의 거리를 뜻해요. 이 길이를 재려면 기준이 되는 길이인 단위길이가 필요해요. 단위길이에는 밀리미터, 센티미터, 미터, 킬로미터가 있어요.

길이를 잴 때 쓰는 자를 보면 아주 작은 눈금이 보이죠? 눈금 중에서 제일 작은 눈금 한 칸은 1밀리미터예요. 두꺼운 정도를 가리키는 것은 두께, '삼각형의 둘레나 높이'처럼 어떤 것의 테두리를 한 바퀴 돈 길이를 뜻하는 둘레, 맨 밑에서 꼭대기까지의

度	量	衡
자 도	되질할 량	저울 형

길이, 부피, 무게를 재는 단위와 기구를 두루 가리키는 말

■ **단위**(單기본 단 位자리 위)
길이, 부피, 무게 등의 수를 나타낼 때 기초가 되는 일정한 기준, 또는 기준이 되는 양

■ **길이**
한 끝에서 다른 끝까지의 거리

■ **단위**(單位)**길이**

■ **밀리미터**(millimeter)

■ **센티미터**(centimeter)

■ **미터**(meter)

■ **킬로미터**(kilometer)

길이인 높이 등도 단위길이로 잴 수 있어요.

입체를 차지하는 공간의 크기를 부피라고 해요. 이 부피를 재는 단위도 있어요. 밀리리터, 리터, 킬로리터가 그것이지요. 우리가 하루에 하나씩 먹는 우유 한 팩은 200밀리리터예요. 1000밀리리터는 1리터, 1000리터는 1킬로리터예요.

이 같은 부피를 재는 단위들에 들이가 붙으면 그 단위의 양만큼 담을 수 있는 양이라는 뜻으로 바뀌지요.

저울로 재는 형(衡)

길이나 부피뿐만 아니라 무게를 잴 때도 있어요. 무게는 무거운 정도를 말해요. 정도란 어떤 것의 분량이나 수준을 나타내는 말이에요. 무거운 정도를 재려면 어떤 기구가 필요할까요? 바로 저울이 필요하지요. 저울 중에서 가장 오래된 저울은 양팔 저울이에요.

그렇다면 무게를 표시하는 단위에는 어떤 것들이 있을까요? 그램이 있어요. 1000밀리그램은 1그램, 1000그램은 1킬로그램, 1000킬로그램은 1톤이에요.

두께
두꺼운 정도

둘레
어떤 것의 테두리를 한 바퀴 돈 길이

높이
맨 밑에서 꼭대기까지의 길이

부피
입체가 차지하는 공간의 크기

밀리리터(milliliter)

리터(liter)

킬로리터(kiloliter)

들이
그 단위의 양만큼 담을 수 있는 양

무게
무거운 정도

정도(程한도 정 度정도 도)
어떤 것의 분량이나 수준을 나타내는 말

그램(gram)

밀리그램(milligram)

킬로그램(kilogram)

톤(ton)

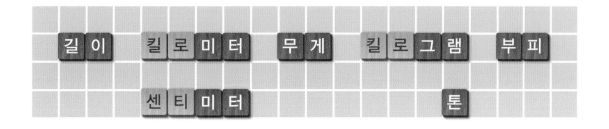

한복을 입은 여자가 그네를 타거나 상투를 맨 남자들이 씨름을 하는 그림을 본 적이 있나요? 조선 시대의 유명한 화가 신윤복과 김홍도의 그림이에요. 이렇게 한국의 전통적인 방법으로 그린 그림을 한국화라고 해요. 이는 채색이 중심을 이루는 서양화와 구분하기 위하여 지어진 이름이에요.

우리나라를 뜻하는 한국(韓國)에 그림을 뜻하는 화(畫)를 붙인 말이죠. 아주 오래전부터 우리나라는 중국이나 일본과 교류가 많아 그림의 표현 방법이 비슷하답니다.

그래서 한국화는 중국화, 일본화와 함께 동양화라고도 불려요.

그리는 사람에 따라 달라지는 한국화의 이름

한국화를 그릴 때에는 대부분 물과 먹을 사용하는데, 먹으로 짙고 옅음을 표현하지요. 이러한 그림을 수묵화라고 해요. 그리고 먹을 기본으로 하고 채색을 곁들여 그리는 그림도 있어요. 수묵 담채화라고 하지요.

한국화는 누가 그렸는지에 따라 그 이름이 달라요.

지금도 그렇지만 옛날에도 화가가 아닌 사람들도 그림을 그렸어

韓	國	畫
한국	나라	그림
한	국	화

한국의 전통적인 방법으로
그린 그림

■ **서양화**

(西쪽 서 洋큰 바다 양 畫)
채색이 중심인 서양의 그림

■ **동양화**(東동쪽 동 洋畫)
중국, 한국, 일본의 그림

■ **수묵화**(水물 수 墨먹 묵 畫)
먹으로 짙고 옅음을 표현하여
그린 그림

■ **수묵 담채화**(水墨 淡묽을
담 彩무늬 채 畫)
먹을 기본으로 하고 채색을 곁
들여 그린 그림

■ **문인화**

(文글월 문 人사람 인 畫)
시인, 학자 같은 문인들이 취미
로 그린 그림

요. 시인, 학자 같은 문인들이 취미로 그린 그림을 문인화라고 하지요. 이 문인들은 주로 군자의 네 가지 덕을 상징하는 매화, 난초, 국화, 대나무인 사군자를 그린 사군자화를 많이 그렸답니다. 또 서민들 사이에서 유행했던 그림인 민화도 있어요.

대상에 따라 달라지는 한국화의 이름

한국화는 무엇을 그리느냐에 따라 여러 가지로 나눌 수 있어요. 그림을 뜻하는 화(畵)를 넣어 낱말을 만들어 볼까요?
산과 물이 어우러진 자연 풍경을 그린 그림은 산수□예요.
꽃과 새를 그린 그림은 화조□,
꽃과 풀을 그린 그림은 화훼□,
새나 짐승을 그린 그림은 영모□라고 해요.
한국의 옛 화가들도 서양의 정물화처럼 여러 가지 그릇과 꽃가지 등을 섞어서 그리기도 했어요. 기명절지화가 그것이지요.

또 풀과 벌레를 그린 그림은 그림 도(圖)를 함께 써서 초충도라고 해요.
한국화를 그릴 때 자연만 그린 것은 아니에요.
한국화에는 사람을 주제로 하여 그린 그림인 인물화,
옛 사람들의 풍속을 그린 풍속화도 있어요.

신사임당의 **초충도**를 흉내내 봤어.

개미! 내가 싫어하는 송충이!!

사군자화(四 넉 사 君 군자 군 子 사람 자 畵)
사군자를 그린 그림

민화(民 백성 민 畵)
서민들 사이에서 유행했던 그림

산수화(山 뫼 산 水 畵)
산과 물이 어우러진 자연 풍경을 그린 그림

화조화(花 꽃 화 鳥 새 조 畵)
꽃과 새를 그린 그림

화훼화(花 꽃 화 卉 풀 훼 畵)
꽃과 풀을 그린 그림

영모화(翎 깃 영 毛 털 모 畵)
새나 짐승을 그린 그림

기명절지화(器 그릇 기 皿 그릇 명 折 꺾을 절 枝 가지 지 畵)
여러 가지 그릇과 꽃가지 등을 섞어서 그린 그림

초충도
(草 풀 초 蟲 벌레 충 圖 그림 도)
풀과 벌레를 그린 그림

인물화
(人 물만 物 물 畵)
사람을 주제로 하여 그린 그림

풍속화
(風 풍속 풍 俗 풍속 속 畵)
옛사람들의 풍속을 그린 그림

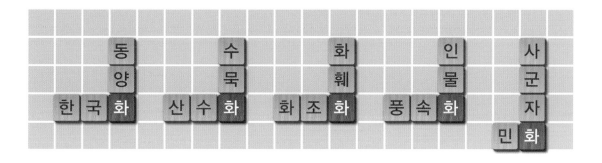

	동		수		화		인		사
	양		묵		훼		물		군
한	국	화	산	수	화	화	조	화	풍	속	화	자
									민	화

1 설명을 보고, 알맞은 낱말을 쓰세요.

1) 길이를 재는 자를 뜻해요. → ☐

2) 부피를 재는 되를 뜻해요. → ☐

3) 무게를 재는 저울을 뜻해요. → ☐

2 주어진 낱말을 넣어 문장을 완성하세요.

1)

	센		
	티		
밀	리	미	터
	터		

10☐☐☐☐는 1☐☐☐☐
야.

2)

	킬		
	로		
밀	리	리	터
	터		

학교에서 주는 우유 한 팩은 200☐☐☐
☐이고, 1000리터는 1☐☐☐☐
야.

3 문장에 어울리는 낱말을 골라 ○표 하세요.

1) 단아의 키는 160(센티미터 / 미터)나 된대.

2) 우리 집에서 학교까지의 (부피 / 거리)는 500미터야.

4 예문에 어울리는 낱말을 써넣으세요. [수학]

> 내 짝꿍의 키는 135cm이다. 135cm는 1m 35cm라고 쓰고, 1☐
> ☐ 35☐☐☐☐라고 읽는다. ☐☐의 기호는 m이
> 고, ☐☐☐☐의 기호는 cm이다.

도량형
단위
길이
단위길이
밀리미터
센티미터
미터
킬로미터
두께
둘레
높이
부피
밀리리터
리터
킬로리터
들이
무게
정도
그램
밀리그램
킬로그램
톤

1 공통으로 들어갈 낱말을 쓰세요.

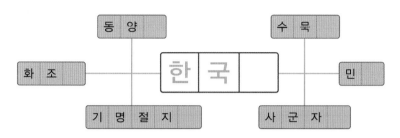

한국화

서양화

동양화

수묵화

수묵 담채화

문인화

사군자화

민화

산수화

화조화

화훼화

영모화

기명절지화

초충도

인물화

풍속화

2 주어진 낱말을 넣어 문장을 완성하세요.

1)
	동
	양
한	국	화

우리나라 그림인 □□□는 중국이나 일본과

그림의 표현 방법이 비슷해. 일본화, 중국화와 함께

□□□라고 불려.

2)
수	묵	담	채	화
묵				
화				

먹으로 짙고 엷음을 표현하여 그린 그림을

□□□, 먹을 기본으로 하고 채색을

곁들여 그린 그림을 □□ □□

□라고 해.

3 문장에 어울리는 낱말을 골라 ○표 하세요.

1) 조선의 선비들은 (민화 / 사군자화)를 즐겨 그렸어.

2) 채색이 중심을 이루는 (한국화 / 서양화)와 달리 (한국화 / 서양화)는 물

   과 먹으로 여백의 미를 살려냈다는 평가를 받고 있어.

3) 옛 사람들의 풍속을 그린 것은 (인물화 / 풍속화)야.

	1)								6)		7)
					3)		5)				
	2)										
				4)							
							8)	9)			
	11)		12)								
							10)				
				13)						15)	
			14)						16)		

정답 | 143쪽

가로 열쇠

1) 한국의 전통적인 방법으로 그린 그림
2) 금으로 만든 돈은 금화, 은으로 만든 돈은 ○○
4) 유럽 연합의 돈, 유로를 화폐 단위로 하는 돈
5) 정성스럽고 참된 것, ○○ ↔ 불성실
6) 돈이나 물건 등을 써서 없애는 사람
8) 산과 물이 어우러진 자연 풍경을 그린 그림, 한국화의 한 종류
10) 조상이 남긴 물건
11) 음악을 연주하고 감상하는 행사, "오늘 ○○○에서 들은 연주곡이 정말 좋았어."
14) 새롭고 이상한 것을 좋아하는 마음, 모르는 것을 알고 싶어하는 마음, "○○○이 많은 지연이는 늘 궁금한 것이 많아요."
16) 청동기 시대의 유물, 칼의 끝이 가는 ○○ 동검

세로 열쇠

1) 우리나라의 돈을 만들거나 정부와 은행에 돈을 빌려주는 일을 하는 우리나라의 중앙은행
3) 목화씨에서 짜낸 기름
5) 층을 이룬 모양의 화산
6) 어떤 것을 잃는 것이나 어떤 것이 없어지는 것
7) 스스로를 높이는 마음, "철수는 ○○○이 강해."
9) 물에서 나는 것들을 파는 ○○○ 시장
10) 과거 인류가 남긴 자취, 움집, 성곽 등이 있음.
11) 소리가 울려 퍼질 때에 생기는 파동
12) 중요한 어떤 문제를 놓고 모여서 이야기를 나누는 장소
13) 구석기 시대 이후의 새로운 석기 시대, ○○○ 시대
15) 길이, 부피, 무게를 재는 단위와 기구를 두루 가리키는 말

1 둘의 관계가 <u>다른</u> 하나는? (   )　　　　　　　　　　　국어능력인증시험형

　① 改 : 革　　　　　② 是 : 非　　　　　③ 皮 : 膚

　④ 皮 : 革　　　　　⑤ 革 : 新

2 밑줄 친 부분을 가장 적절한 한자어로 대체한 것은? (   )　　국어능력인증시험형

　① 철수는 <u>만들기</u> 수업에 흥미를 보인다. → 工具(공구)

　② 삐삐는 온몸에 상처를 입고 병원에 입원하였다. → 文身(문신)

　③ 올해 가뭄은 평상시와 다르게 매우 급하고 위태롭다. → 非番(비번)

　④ 담임선생님께서는 참되고 올바르게 살라고 늘 말씀하신다. → 眞正(진정)

　⑤ 남북으로 갈라진 이 사태를 빠른 시일 내에 해소해야 한다. → 分圍(분단)

3 밑줄 친 낱말의 뜻이 바르지 <u>않은</u> 것은? (   )　　　　　국어능력인증시험형

　① 이 책은 <u>비매품</u>이다. → 팔지 않고 그냥 나누어 주는 물건

　② 영수가 <u>정곡</u>을 찌르는 말을 하였다. → 과녁 한가운데의 점

　③ 도시 곳곳에 <u>공사</u> 중 표시가 즐비했다. → 건물이나 다리 등을 만드는 일

　④ 가을에 농부들이 <u>타작</u>하느라 여념 없다. → 곡식의 이삭을 털어 낟알을 거두는 일

　⑤ 그 부대는 <u>혼신</u>을 다해 전투에 임하고 있다. → 몸을 숨기는 것

4 괄호 안의 한자가 바르지 <u>않은</u> 것은? (   )　　　　　KBS 한국어능력시험형

　① 교정(正)　　　　　② 분(分)별　　　　　③ 비(比)행

　④ 은신(身)　　　　　⑤ 가공(工)품

5 밑줄 친 낱말에 대한 설명으로 적절하지 **않은** 것은? ( )   KBS 한국어능력시험형

① <u>거대</u>는 같은 말을 두 번 써서 크다는 걸 강조한 말이죠.

② 날가죽과 무두질한 가죽을 모두 아울러 <u>피혁</u>이라고 합니다.

③ 절반을 훨씬 넘는 큰 부분을 말할 때 <u>대부분</u>이란 말을 쓰죠.

④ <u>이심전심</u>이란 여러 사람이 똑같은 말을 할 때 쓰는 말입니다.

⑤ <u>시시비비</u>란 옳은 것은 옳고 그른 것은 그르다고 하는 것입니다.

6 〈보기〉는 사자성어와 관련한 설명이다. 빈칸에 알맞은 말을 바르게 쓴 것은? ( )   수학능력시험형

〈보기〉
> (가) 애지중지처럼 마음을 표현하는 사자성어가 있고, 천고마비처럼 상황을 표현하는 사자성어도 있습니다. 마음을 표현하는 사자성어 중에 ( )이(가) 있습니다. 친구 집에 놀러갔을 때 친구 어머니께서 이렇게 따뜻한 마음을 표현해 주시면 정말 고맙죠.
>
> (나) 상황을 표현하는 사자성어엔 ( )이(가) 있습니다. 큰 그릇을 만들려면 오래 걸리기 마련이죠. 지금 어려움이 있더라도 이 말을 떠올리며 자신이 진정 하고픈 일에 최선을 다하기 바랍니다.

① (가) – 다정다감   (나) – 대기만성   ② (가) – 이구동성   (나) – 다다익선

③ (가) – 이심전심   (나) – 전화위복   ④ (가) – 다정다감   (나) – 다다익선

⑤ (가) – 이구동성   (나) – 대기만성

7 문맥에 맞는 낱말을 **잘못** 선택한 것은? ( )   수학능력시험형

① 4·19 때엔 민중들이 모두 일어나 (혁대/혁명)을 일으켰다.

② 세상의 방위는 (동서남북/춘하추동) 네 군데로 나누어져 있다.

③ 영희와 철수는 (입을 모아/입이 짧아) 비밀을 지키자 약속했다.

④ 철수는 발바닥이 평평한 (마당발/모둠발)이라 걸을 때 쉽게 지친다.

⑤ 인생사 (고진감래/새옹지마), 세상 모든 일은 변화가 많아 알 수 없다.

8 〈보기〉의 밑줄 친 (가) ~ (라)에 들어갈 낱말로 옳은 것은? (   ) 수학능력시험형

> **〈보기〉**
>
> 경사(傾斜)와 경사(慶事)처럼 발음과 한글 표기는 같지만 쓰이는 한자어가 다르기 때문에 뜻이 다른
> 낱말이 있습니다. 앞의 경사는 기울어진 곳이나 기울어진 정도를 말하고, 뒤의 경사는 축하할 만한
> 기쁜 일을 뜻하죠. 비슷한 말로 (가)(   )와 (나)(   )가 있습니다. 앞의 구호는 전쟁, 자연 재해,
> 굶주림들로 고통 받는 사람들을 돕는 것을 말하고, 뒤의 구호는 대중 집회 등에서 어떤 요구나 주장
> 을 담아 외치는 간결한 문구를 말합니다. 이 외에 (다)(   )와 (라)(   )도 있죠. 앞의 과장은 관청
> 이나 회사에서 과를 책임지는 사람이고, 뒤의 과장은 사실보다 지나치게 부풀린다는 뜻입니다.

① (가) – 救護   (나) – 口號   (다) – 課長   (라) – 誇張

② (가) – 救護   (나) – 口號   (다) – 誇張   (라) – 課長

③ (가) – 救護   (나) – 口毫   (다) – 科場   (라) – 誇張

④ (가) – 口號   (나) – 救護   (다) – 課長   (라) – 誇張

⑤ (가) – 口號   (나) – 救護   (다) – 誇張   (라) – 誇張

9 한자와 그 뜻이 바르지 않게 짝 지어진 것은? (   ) 한자능력인증시험형

① 巨 – 크다   ② 是 – 옳다   ③ 皮 – 가죽

④ 驥 – 말타다   ⑤ 騷 – 시끄럽다

10 〈보기〉의 밑줄 친 (가) ~ (마)를 한자로 고친 것이 틀린 것은? (   ) 한자능력인증시험형

> **〈보기〉**
>
> 보통의 인간은 다섯 감각을 통해 들어오는 외부의 정보를 바탕으로 생각을 합니다. 눈으로 보고 느끼
> 는 감각은 (가)시각, 귀로 듣고 느끼는 감각은 (나)청각, 혀로 맛보고 느끼는 감각은 (다)미각, 살갗
> 에 닿아 느끼는 감각은 (라)촉각 그리고 마지막으로 코로 냄새를 맡고 느끼는 (마)후각입니다.

① (가) 視   ② (나) 聽   ③ (다) 迷

④ (라) 觸   ⑤ (마) 嗅

⑪ 밑줄 친 부분을 적절한 낱말로 대체하지 <u>않은</u> 것은? (   )

① 다들 <u>모여서 의논</u>하느라 바쁘다. → 회의

② <u>건물 안</u>의 온도가 28도를 넘어갔다. → 실내

③ <u>실제로 일어난 일</u>에 초점을 맞춰 보자. → 결실

④ 축구 선수들이 운동장에 <u>들어오고</u> 있다. → 입장

⑤ 철수가 <u>과일 깎는 칼</u>을 들고 한 시간째 씨름하고 있다. → 과도

⑫ 밑줄 친 낱말의 뜻이 바르지 <u>않은</u> 것은? (   )

① 거름을 친 <u>효과</u>가 나고 있다. → 어떤 일을 해서 생기는 나쁜 결과

② 영희는 명분보다 <u>실리</u>를 추구한다. → 실제로 얻는 이익

③ 사람에겐 밀실만큼이나 <u>광장</u>이 필요하다. → 사람들이 모일 수 있는 넓은 빈터

④ 어느 지역이든 배드민턴 <u>동호회</u>가 있기 마련이다. → 같은 것을 좋아하는 사람들의 모임

⑤ 희경은 <u>내심</u> 기뻐하면서도 좀처럼 드러내지 않았다. → 속마음

⑬ 〈보기〉의 빈칸에 알맞은 낱말을 바르게 짝 지은 것은? (   )

┌─〈보기〉─────────────────────────────────

파도와 시계추의 공통점이 뭘까요? 위아래, 좌우 혹은 앞뒤로 끊임없이 왔다 갔다 한다는 점이겠죠. 시계추처럼 줄 끝에 추를 달아 왔다 갔다 하도록 만든 물건을 (가)(   )(이)라고 합니다. 흔들려 움직인다는 뜻이랍니다. 이 물건처럼 흔들려서 움직이는 것을 (나)(   )(이)라고 합니다. 일렁이는 물의 움직임, 보이지 않지만 눈에 비춰지는 빛 모두 이것을 통해 전달되는 것이죠.

└──────────────────────────────────────

① (가) – 진자 (나) – 전파   ② (가) – 음파 (나) – 진동   ③ (가) – 음파 (나) – 파동

④ (가) – 진자 (나) – 진동   ⑤ (가) – 음파 (나) – 파동

⓮ 밑줄 친 낱말에 대한 설명으로 적절하지 <u>않은</u> 것은? (   ) `KBS 한국어능력시험형`

① <u>뗀석기</u>는 간석기 이후에 나타났어.

② 시간과 노력을 헛되이 쓸 때, <u>낭비</u>한다고 해.

③ <u>철기 시대</u>란 철로 도구를 만들어 쓰던 시대야.

④ <u>사군자화</u>란 매화, 난초, 국화, 대나무를 그린 그림을 말해.

⑤ 길이, 부피, 무게를 재는 단위와 기구를 가리켜 <u>도량형</u>이라고 하지.

⓯ 문맥에 맞는 낱말을 <u>잘못</u> 선택한 것은? (   ) `수학능력시험형`

① 교통난이 완전히 (소진/<u>해소</u>)되었다.

② 은주는 2리터(<u>들이</u>/길이) 병에 우유를 가득 담았다.

③ 왕건은 (삼국/<u>후삼국</u>)을 통일하고 고려 시대를 열었다.

④ 동굴이나 무덤 같은 (유물/<u>유적</u>)은 생생한 역사 자료다.

⑤ 풀과 벌레를 그린 (<u>초충도</u>/화훼도) 앞에서 사진을 찍었다.

⓰ 〈보기〉의 밑줄 친 (가) ~ (다)에 들어갈 낱말로 옳은 것은? (   ) `수학능력시험형`

〈보기〉
물건을 사고팔 때 그 값으로 주고받기 위해 만든 돈을 (가)(   )라고 합니다. 이것은 크게 둘로 나뉩니다. 쇠붙이를 녹여서 만든 이것을 (나)(   )라고 하고, 종이로 만든 이것은 (다)(   )라고 부릅니다.

① (가) - 주화   (나) - 주폐   (다) - 화폐

② (가) - 지폐   (나) - 화폐   (다) - 주화

③ (가) - 화폐   (나) - 주화   (다) - 지폐

④ (가) - 주화   (나) - 화폐   (다) - 지폐

⑤ (가) - 지폐   (나) - 주화   (다) - 화폐

톡톡 문해력 생활문 다음 생활문을 읽고, 문제를 풀어 보세요.

> 어제는 우리 학교 운동회 날이었다. 나는 우리 반 오래달리기 선수로 뽑혀 대회에 참가했다. 출발선에 서니 마음이 두근두근했다.
>
> "삐이익!"
>
> 선생님이 호루라기를 불었다. 나는 최선을 다해서 달렸다. 운동장을 한 바퀴 돌았을 때였다. 갑자기 내 앞에 있던 아이가 넘어졌다. 잠깐 온갖 생각이 들었다.
>
> '저 아이만 제치면 내가 일등인데….'
>
> 하지만 나는 달리기를 멈추고 그 아이를 일으켜 세웠다. 정정당당하게 이기고 싶었기 때문이다. 다른 아이들이 우리를 지나쳐 갔다. 하지만 우리는 포기하지 않고 열심히 달렸다. 친구들과 선생님들이 박수를 쳐 주면서 우리를 응원했다. 일등이 아니어도 정말 기분이 좋았다.

1 이 글은 언제 일어난 일인지 쓰세요.

(   )

2 이 글의 중심 내용을 쓰세요.

3 밑줄 친 낱말의 반대말은? (   )

① 최고   ② 최악   ③ 최면   ④ 최근

4 이 글의 내용과 다른 것은? (   )

① 글쓴이는 운동회에서 오래달리기 선수로 뽑혔다.

② 글쓴이는 오래달리기 대회에서 일등을 하지 못했다.

③ 글쓴이는 수단과 방법을 가리지 않고 이기고 싶었다.

④ 친구들과 선생님이 응원을 해 주어서 기분이 좋았다.

톡톡 문해력 편지글 다음 편지 글을 읽고, 문제를 풀어 보세요.

보고 싶은 할머니께

할머니 안녕하세요? 날이 많이 쌀쌀해졌어요.

얼마 전에 할머니께서 기르시던 개 '똘이'가 <u>무지개다리를 건넜다</u>는 소식을 들었어요. 할머니 댁에 갈 때마다 꼬리를 흔들며 나를 반갑게 맞아 주던 똘이를 이제 볼 수 없다니 정말 슬퍼요. 그런데 식사를 거의 하지 않으신다고요? 저도 할머니가 똘이를 얼마나 애지중지 아꼈는지 잘 알아요. 하지만 할머니께서 식사를 안 하셔서 아프실까 봐 걱정이 돼요. 식사를 잘 하셔야 해요. 이번 일요일에 엄마와 찾아뵐게요.

그럼 건강하게 지내셔요.

20○○년 ○월 ○일

연수 올림

---

① 이 편지를 쓴 사람은 누구인지 쓰세요.

(   )

② 글쓴이가 할머니께 편지를 쓴 까닭을 쓰세요.

---

③ 밑줄 친 문장의 뜻은? (   )

① 아프다   ② 입양 보냈다   ③ 도망갔다   ④ 죽었다

④ 어버이날 부모님께 드릴 편지를 써 보세요.

정답

1장 씨글자

分 나눌 분 | 10~11쪽

1. 分
2. 1) 분신 2) 분류 3) 분별력
3. 1) 분명 2) 구분 3) 분별 4) 분담
4. 1) 분신 2) 분류 3) 분교 4) 양분
5. 부분
6. 1) 분리 2) 부분 3) 분단

身 몸 신 | 16~17쪽

1. 身
2. 1) 신장 2) 피신 3) 출신 4) 호신술 5) 신체검사
3. 1) 호신술 2) 시신 3) 신분증 4) 문신 5) 대신
4. 1) 은신 2) 만신창이 3) 단신, 장신 4) 심신
5. 신
6. 피신

正 바를 정 | 22~23쪽

1. 正
2. 1) 정말 2) 개정 3) 정월 초하루 4) 정정 5) 정오
3. 1) 정정당당 2) 단정 3) 정곡 4) 정오 / 자정 5) 공정
4. 1) 정확 2) 정직 3) 정오 4) 정답 5) 정상
5. 1) 진정 2) 정색
6. 1) 정오 2) 정곡 3) 교정

非 아닐 비 | 28~29쪽

1. 非
2. 1) 비상 2) 비상 / 비범 3) 비금속 4) 비매품 5) 시비조
3. 1) 비상 약품 2) 비양심적 3) 비공개 4) 비리 5) 비범 / 비상
4. 1) 비상구 2) 비번 3) 비난 4) 비포장 5) 시비조
5. 1) 비수기 2) 시비
6. 1) 비상용 2) 비상구 3) 비상시

工 기술자 공 | 34~35쪽

1. 工
2. 1) 공사 2) 도공 3) 인공호흡 4) 가공
3. 1) 공작 2) 인공 3) 인공 비 4) 공사장 5) 공사
4. 1) 공사 2) 가공 3) 완공 4) 인공 5) 도공
5. 1) 인공 2) 공장
6. 공구

作 만들 작 | 40~41쪽

1. 作
2. 1) 작용 2) 합작 3) 영작 4) 창작 5) 반타작
3. 1) 동작 2) 농작물 3) 부작용 4) 역작 5) 작업복
4. 1) 풍작 2) 대표작 3) 작별 4) 작심삼일 5) 경작
5. 1) 부작용 2) 작곡
6. ②

낱말밭

是非 시비 | 46쪽

1. 시비
2. 1) 비리, 비양심 2) 시정, 필시 3) 비범, 비명
3. 1) 시정 2) 비상 3) 비금속
4. ③

皮革 피혁 | 47쪽

1. 피혁
2. 1) 피부, 면피 2) 개혁, 혁명 3) 양피, 철면피
3. 1) 혁신 2) 탈피 3) 피부
4. ④

大小 대소 | 52쪽

1. 대소
2. 1) 대단위, 대규모 2) 최대한, 극대화 3) 소단위, 소규모
3. 1) 대폭 2) 대략 3) 대부분
4. ①

巨大 거대 | 53쪽

1. 거대
2. 1) 거부, 거액 2) 거인, 거구 3) 대륙, 대세
3. 1) 거부 2) 거물 3) 위력
4. ④

소음 | 58쪽

1. 소음
2. 1) 쓰이는, 용도 2) 어린, 소년 3) 젊은, 청년
3. 1) 명산 2) 아까 3) 역전
4. ④

입을 모으다 | 59쪽

1. 1) 입을 모으다 2) 입을 맞추다
2. 1) 입이 짧다 2) 입만 살다 3) 입에 꿀을 바른 말 4) 말도 안 되다
3. 1) 마음에 없는 말 2) 수박 겉핥기 3) 매운맛을 보여 주겠어
4. ④

손 | 64쪽

1. 손
2. 1) 손, 손, 손, 손 2) 발, 발, 발, 발
3. 1) 고사리손 2) 손사래 3) 모둠발 4) 마당발 5) 오리발
4. ⑤

죽마고우 | 65쪽

1. 죽마고우
2. 1) 학수고대 2) 대기만성 3) 고진감래
3. 1) 애지중지 2) 이심전심 3) 이구동성
4. ②

육해공군 | 70쪽

1. 동서남북
2. 1) 춘하추동 2) 오감
3. 1) 후각 2) 오장
4. ④

기사, 기사 | 71쪽

1. 1) 경기, 경기 2) 관리, 관리
2. 1) 공작孔雀, 공작工作 2) 경계境界, 경계警戒
3. 1) 경기(競技) 2) 경사(慶事) 3) 구조(救助) 4) 관리(管理)
4. ①

어휘 퍼즐 | 72쪽

¹⁾소	규	²⁾모			⁴⁾가	⁵⁾공	품
음	³⁾피	혁				학	
		⁵⁾명	산			⁷⁾자	정
					¹⁰⁾이		
⁹⁾사	계	절		¹²⁾구	척	장	신
대		¹¹⁾경		동			
부	¹⁴⁾대	기	만	성		¹³⁾다	
	교	신				¹⁷⁾정	월
		¹⁵⁾창	작			다	
		이				¹⁶⁾오	감

2장 │ 씨글자

會 모일 회 │78~79쪽

1. 會
2. 1) 동호회 2) 회담 3) 다과회 4) 회의록 5) 협회
3. 1) 회원 2) 학예회 3) 회견 4) 회담 5) 집회
4. 1) 회의 2) 회관 3) 사인회 4) 학생회
5. 1) 회의록 2) 운동회 3) 동창회 4) 송년회
6. 1) 회의 2) 회견 3) 회담

場 장소 장 │84~85쪽

1. 場
2. 1) 개장 2) 공연장 3) 구장 4) 농산물 시장 5) 비행장
3. 1) 오일장 2) 주차장 3) 개장 4) 비행장 5) 장바구니
4. 1) 장외 2) 퇴장 3) 현장 학습 4) 직장
5. 1) 현장 2) 장날
6. 1) 양계장 2) 전시장 3) 주차장

內 안 내 │90~91쪽

1. 內
2. 1) 내장 2) 내용물 3) 국내선 4) 내우외환 5) 내성적
3. 1) 안내원 2) 내전 3) 내성적 4) 실내화
4. 1) 국내선 2) 내용 3) 내심 4) 내막
5. ②
6. ②

心 마음 심 │96~97쪽

1. 心
2. 1) 호기심 2) 의심 3) 동심 4) 연필심 5) 자존심
3. 1) 관심 2) 안심 3) 조심 4) 중심인물 5) 심장
4. 1) 효심 2) 양심 3) 심술 4) 중심
5. 1) 마음 2) 가운데 3) 마음
6. 1) 호기심 2) 방심

果 열매 과 │102~103쪽

1. 果
2. 1) 낙과 2) 견과 3) 성과 4) 특수 효과
3. 1) 성과/결과 2) 효과 3) 결과 4) 과수원
4. 1) 견과 2) 과육 3) 특수 효과 4) 건과
5. 1) 과도 2) 효과
6. 인과응보

實 열매 실 │108~109쪽

1. 實
2. 1) 과실 2) 면실 3) 현실성 4) 실물 5) 결실
3. 1) 실천 2) 실물 3) 실험 4) 과실 5) 실기
4. 1) 실화 2) 부실 3) 실학 4) 매실 5) 현실
5. 실기
6. ①

씨낱말

화산 │114쪽

1. 화
2. 1) 화산진, 화산재 2) 순상 화산, 성층 화산
3. 1) 화구호 기) 칼데라호 3) 화산되
4. 화산 가스, 용암, 화산 쇄설물

진동 │115쪽

1. 진동
2. 1) 파동, 전파 2) 종파, 횡파 3) 진자, 진동수 4) 음파, 초음파
3. 1) 진자 2) 전파 3) 초음파 4) 헤르츠

화폐 │120쪽

1. 화폐
2. 1) 주화, 금화 2) 외화, 달러화 3) 화폐, 지폐 4) 조폐, 조폐공사
3. 1) 엔화 2) 은행 3) 통화량 4) 통화

소비 │121쪽

1. 소비
2. 1) 비용, 식비 2) 소방관, 소실
3. 1) 식비 2) 해소 3) 소진 4) 낭비
4. 소비자, 소비자

선사, 역사 │126쪽

1. 1) 역사 시대 2) 선사 시대
2. 신석기, 청동기
3. 1) 구석기, 신석기 2) 일제 강점기, 광복
4. 철기 시대, 철기 시대

유물 │127쪽

1. 1) 유물 2) 유적
2. 1) 뗀석기, 간석기 2) 비파형 동검, 세형 동검 3) 널무덤, 독무덤
3. 1) 명도전 2) 뗀석기 3) 유적

도량형 │132쪽

1. 1) 도 2) 량 3) 형
2. 1) 밀리미터, 센티미터 2) 밀리리터, 킬로리터
3. 1) 센티미터 2) 거리
4. 미터, 센티미터, 미터, 센티미터

한국화 │133쪽

1. 화
2. 1) 한국화, 동양화 2) 수묵화, 수묵 담채화
3. 1) 사군자화 2) 서양화, 한국화 3) 풍속화

어휘 퍼즐 │134쪽

종합 문제 │135~139쪽

1. ② 2. ④ 3. ⑤ 4. ③ 5. ④ 6. ① 7. ⑤ 8. ① 9. ④ 10. ③
11. ③ 12. ① 13. ④ 14. ① 15. ④ 16. ③

문해력 문제 │140~141쪽

1. 운동회 날 2. 글쓴이는 오래달리기 대회에서 넘어진 친구를 일으켜 세우고 함께 달렸다. 3. ② 4. ③

1. 연수 2. 기르던 개가 죽어서 슬퍼하는 할머니를 위로하려고
3. ④
4.
> 사랑하는 부모님께
> 항상 저를 사랑해 주시고 아껴 주셔서 정말 감사드려요. 부모님 덕분에 매일 행복하게 지내고 있는 것 같아요. 엄마, 아빠 앞으로 더 열심히 공부하고, 부모님 말씀 잘 듣는 아이가 될게요.
>
> 20○○년 ○월 ○일
> 부모님을 사랑하는 한결이가

집필위원

정춘수	권민희	송선경	이정희	신상희	황신영	황인찬	안바라
손지숙	김의경	황시원	송지혜	황현정	서예나	박선아	강지연
강유진	김보경	김보배	김윤철	김은선	김은행	김태연	김효정
박 경	박선경	박유상	박혜진	신상원	유리나	유정은	윤선희
이경란	이경수	이소영	이수미	이여신	이원진	이현정	이효진
정지윤	정진석	조고은	조희숙	최소영	최예정	최인수	한수정
홍유성	황윤정	황정안	황혜영	신호승			

문해력 잡는 초등 어휘력 B-1 단계

글 신상희 손지숙 김의경 황신영
그림 박종호 쌈팍
기획 개발 정춘수

1판 1쇄 인쇄 2025년 1월 16일
1판 1쇄 발행 2025년 1월 31일

펴낸이 김영곤 **펴낸곳** ㈜북이십일 아울북
프로젝트2팀 김은영 권정화 김지수 이은영 우경진 오지애 최윤아
아동마케팅팀 명인수 손용우 양슬기 이주은 최유성
영업팀 변유경 한충희 장철용 강경남 김도연 황성진
표지디자인 박지영 임민지

출판등록 2000년 5월 6일 제406–2003–061호
주소 (우 10881) 경기도 파주시 문발동 회동길 201
연락처 031-955-2100(대표) 031-955-2122(팩스)
홈페이지 www.book21.com

© ㈜북이십일 아울북, 2025

ISBN 979-11-7357-046-9
ISBN 979-11-7357-036-0 (세트)

* 책값은 뒤표지에 있습니다.
* 이 책 내용의 일부 또는 전부를 재사용하려면 반드시 ㈜북이십일의 동의를 얻어야 합니다.
* 잘못 만들어진 책은 구입하신 서점에서 교환해 드립니다.

• 제조자명 : ㈜북이십일	• 제조연월 : 2025. 01. 31.
• 주소 : 경기도 파주시 회동길 201(문발동)	• 제조국명 : 대한민국
• 전화번호 : 031-955-2100	• 사용연령 : 3세 이상 어린이 제품